墨香财经学术文库

"十二五"辽宁省重点图书出版规划项目

国家社科基金青年项目（11CGL015）研究成果

U0656751

Study on Game Behaviors and

Evolutionary Model of HRD's Multi-subjects

人力资源开发多主体博弈及演化模型研究

王晓莉 ◎ 著

东北财经大学出版社
Dongbei University of Finance & Economics Press

大连

图书在版编目（CIP）数据

人力资源开发多主体博弈及演化模型研究 / 王晓莉著. —大连：东北财经大学出
版社，2020.5
（墨香财经学术文库）
ISBN 978-7-5654-3720-5

Ⅰ．人… Ⅱ．王… Ⅲ．高技术产业-服务业-人力资源开发-研究-辽宁
Ⅳ．①F276.44 ②F719

中国版本图书馆CIP数据核字（2019）第296312号

东北财经大学出版社出版发行

大连市黑石礁尖山街217号　邮政编码　116025

网　　址：http：//www.dufep.cn

读者信箱：dufep @ dufe.edu.cn

大连永盛印业有限公司印刷

幅面尺寸：170mm×240mm　字数：153千字　印张：11　插页：1
2020年5月第1版　　　　2020年5月第1次印刷
责任编辑：王　莹　周　慧　责任校对：慧　心
封面设计：冀贵收　　　　版式设计：钟福建
定价：42.00元

"东北财经大学'双一流'建设项目
高水平学术专著出版资助计划"资助出版

序

　　人力资源开发是由理论知识与实务技术交叉构成的一个新兴跨学科研究领域。从理论研究领域看，经济学中的人力资本理论、心理学中的学习理论以及系统学中的系统理论，均与研究人力资源开发主体行为有关。其中，微观角度的人力资源开发研究以心理学、教育学为理论基础，注重研究工作场所的技能开发，强调个体与企业的绩效提升与学习成长；而宏观层面的人力资源开发研究则以经济学、系统学为理论基础，注重研究政府政策的制定与国民素质的整体提高。但是，现有的人力资源开发研究及实践往往是从单一主体、单一路径研究入手。然而，人力资源开发多赢目的的实现却是需要由企业、大学和政府的共同规划、实施与监督来完成，只有这样，才能保证各方利益的实现和协同发展。毋庸置疑，企业的目的是自身经营过程的利益最大化，大学的目的是教育过程的利益最大化，政府的目的是社会效益的最大化，三者关系的叠加形成一个复杂的动态系统，在这种情况下，唯有从整体上推进人力资源开发理论的研究才能对这一系统运行方式予以前瞻性的指导。

　　人力资源开发亦是一个实践应用性研究领域。人力资源开发研究的终极目的在于指导实践、实现开发效果，即劳动者技能素质提高、员工工作效能优化、组织绩效提升、经济增长持续。面对激烈的人才竞争，"十三五"期间，我国需要站在全球视野高度，加快人口红利向人才红利转变，加快建立创新型人才队伍，聚天下英才而用之，为建设创新型国家提供人才保证。特别是高新技术行业与企业更是要落实创新驱动发展战略，以人才驱动组织创新、以智力驱动企业发展。虽然传统人力资源开发活动的主体是企业，但如今，政府、大学等企业外部的宏观开发主体在人力资源开发中，尤其是在新兴国家的新兴产业培育过程中的地位和作用愈发显著。

基于以上两点，"不畏浮云遮望眼，只缘身在最高层"，早在 7 年前，王晓莉博士就从新兴战略产业人力资源开发的多主体角度切入，对不同层面、不同目标的人力资源开发主体所实施的人力资源开发活动及其理论支持进行了深入研究。她以文献研究、理论思辨、主体建模、实证研究、案例研究为基本方法，以"文献综述—理论推演—模型构建—实证检验—实地调研—应用策略"为研究框架，尝试使用主体建模这种研究复杂动态系统运行机制的研究工具打开人力资源开发多主体运作机制的"黑箱"。经过多年沉淀，再度综观全书，以下特点令人印象深刻：

第一，研究基础扎实。作者以视阈融合的方法论哲学为指导，通过对人力资源开发理论研究与实践活动的评析，界定了各开发主体的角色与责任，从而构建了多主体协同的人力资源开发主体关系模型。

第二，研究方法恰当。本研究引入的主体建模是一种"人工社会"的构建技术，能够模拟主体的社会特征、关注动态过程、支持复杂系统的演化策略。人力资源开发的多主体复杂系统与该方法的应用条件十分吻合，因此本研究利用该方法设计了多主体的静态博弈与动态演化模型，并运算得出了策略集，有助于摆脱以往单纯依靠经验分析制定决策的非理性障碍。

第三，研究框架清晰。全书的核心部分为 2～5 章：第 2 章为文献评述部分，对人力资源开发主体及其行为研究的理论成果与实践进行评述；第 3 章从视阈融合这一方法论哲学入手，对人力资源开发多主体之间的博弈关系进行分析；第 4 章以三螺旋理论为模型基础，以政府、大学、企业这三个最重要的人力资源开发主体为对象构建了人力资源开发的动态演化博弈模型;第5章为案例研究与应用部分,以辽宁省高技术服务业的人力资源开发问题为实证案例,验证理论分析结果的正确性与实践应用。

第四,理论与实践创新之处凸显。作者构建了多主体协同的人力资源开发主体关系模型,揭示了人力资源开发多主体博弈互动与动态演化的运作机制,进而解释现实中的困境问题并寻找多元合作的优化路径;依据三螺旋模型对政府、大学、企业、中间组织分别设计了转型目标,弥补了对高技术服务产业及其他新兴战略产业人力资源开发问题解决策略的匮乏。

我认为,《人力资源开发多主体博弈及演化模型研究》这部著作内容丰富,颇有新意,值得人力资源管理领域的理论工作者和实务工作者一读。

林　忠

2019 年 9 月 29 日于东北财经大学师道斋

前言

  在人力资源作为核心要素的知识经济时代，人力资源开发领域的理论研究与实践工具受到学术界、企业界以及政府、高校等多元主体的关注。特别是在当下的中国，无论是传统产业的转型升级，还是战略性新兴产业的培育发展，抑或"人才强国"战略的实施以及"新人口红利"的获得，都要经由人力资源开发解决人才问题进而形成内生性、可持续性的竞争力。而作为一门相对年轻的交叉型、应用型学科，人力资源开发领域现有理论观点与实践成果间分歧颇多，就开发主体而言，企业、政府、大学是实施人力资源开发的三个核心主体，学者们习惯于将三者区分开来，或是宏观或是微观，或是培训或是教育，从单一主体的视角分析开发问题与策略。尽管人力资源开发的多个主体是彼此独立的社会组织，但相互之间在进行人力资源开发的过程中存在紧密的互动关系，形成了一个典型的人类社会复杂系统。系统成员各自的目标与行为会影响其他成员，同时受到其他成员的影响，最终也会影响整体层面的目标实现情况。因此，多主体之间的融合才是完整的研究视阈，实现多主体之间的协同合作是实现人力资源开发多赢目标的路径。本书试图从人力资源开发的多主体角度切入，对不同层面、不同目标的人力资源开发主体所实施的人力资源开发活动及其理论支持进行研究，尝试使用主体建模这种研究复杂动态系统运行机制的研究工具，试图打开人力资源开发多主体运作机制的"黑箱"，进而解释现实中的困境问题并提供解决路径。

本书以人力资源开发现有研究成果为基础，以文献研究、理论思辨、主体建模、案例研究为基本方法，以"文献综述—理论推演—模型构建—实例验证—实地调研—应用策略"为研究思路。根据该基本框架，全书共分为6章，其基本内容如下：

第1章为绪论。首先介绍了研究的选题背景与原因，阐述论题研究的理论价值与现实意义；继而明确研究的关键概念与研究问题，说明论题研究的概念框架；之后对本书的研究思路进行说明，介绍本研究的结构内容与研究方法；最后提出研究的创新之处。

第2章为文献评述，对人力资源开发主体及其行为的概念界定、理论支持基础、国内研究成果与实践经验进行整理与评析。首先梳理并拓展了人力资源开发主体的内涵界定与类型，将宏观与微观结合的人力资源开发观作为本书的观点立场，为论题研究明确了分析视角。继而整理了人力资源开发不同主体行为决策的理论基础，将经济学理论、学习理论与系统理论列为人力资源开发宏观主体、微观主体及主体协作的支撑理论，从而为本研究搭建了理论基础的平台。之后，对微观与宏观层面的人力资源开发主体行为的研究成果与实践经验加以总结比较，对各主体的人力资源开发形式与效果及相互冲突问题进行论述，进而揭示人力资源开发多主体整合与协同的研究价值。

第3章从视阈融合这一方法论哲学入手，论述了作为社会科学研究领域之一的人力资源开发存在着视阈割裂的研究局限，而视阈融合将为人力资源开发呈现研究与实践的"全景图"。之后以该方法论哲学为指导，对人力资源开发多主体关系的模式与特点进行探究，指出人力资源开发目前的主体关系是以政府为主导的企业-大学合作关系，未来趋势是向多主体、多中心的治理模式转型。以该关系模式为基础，本章对人力资源开发多主体间的静态博弈行为进行了主体建模分析，得出以下结论：企业、高校、政府作为独立主体进行自由博弈行为的人力资源开发投资时，各方的收益较低，整体的收益也较低；当其中两个主体愿意合作时，收益情况对双方都有改善，整体收益也有提高；而当三方合作形成时，各主体及整体的收益水平都达到最大。理论分析的结果与现实情况基本吻合。

第4章以"政府-大学-企业"三螺旋模型为框架研究了人力资源开发多主体合作演化博弈行为及稳定策略。基于主体建模后的演化博弈分析从动态角度对有限理性的人力资源开发主体间博弈行为进行探究，得出如下多主体最优合作的对策和建议：第一，政府对大学和企业的人力资源开发合作具有正向激励作用，但不应该直接干涉各种市场活动，而是应该充当市场调节下的补充。第二，"大学-企业"合作实施人力资源开发的概率随着各自开发成本的增加而降低，随着各自开发实力的增加而提高，随双方合作时所获得的超额收益的增加而增大。理论上存在一个最优分配比例，能够促使双方合作的意愿最大化。第三，"大学-企业"合作实施人力资源开发的概率随着投机行为所获背叛收益的增加而降低，随着投机行为所获背叛惩罚的增加而增大。双方应明确各自的开发义务与责任边界，形成自身开发特色，这将有利于合作的开展。三螺旋环境下的中间组织包括双边组织与三边组织两种类型，为三螺旋模型的实现发挥合作平台与沟通枢纽的作用，最大限度地实现了政府、产业和大学间人力资源开发活动的三方合作。

第5章为案例研究与应用，以辽宁省高技术服务业的人力资源开发问题为实证案例，验证理论分析结果的正确性与实践应用。先对高技术服务业的基本情况加以概述，分析产业特点与产业人力资源需求、培养的特点，说明选择该产业作为案例研究对象的必要性与可行性，铺垫研究与应用的基础。之后结合辽宁省的实际情况，分析高技术服务业设计实施人力资源开发的产业因素及环境因素，利用第3章的博弈分析结果讨论该产业的多主体人力资源开发问题。最后以第4章演化模型的理论分析结果为指导，结合高技术服务业与辽宁省情况，设计了由政府、大学、企业及中间组织共同构成的辽宁高技术服务多主体协同化人力资源开发体系。具体包括：政府应由传统型公共管理模式转而实践整体性治理模式；大学应由教学型、研究型大学向创业型大学转化；企业应实施战略性人力资源开发进而构建开发型组织；中间组织则应发挥更大作用成为"第四螺旋"。

第6章为研究结论与讨论，对全书主要观点进行整合，进而对人力资源开发研究及人力资源开发主体整合机制的未来发展进行展望，总结本研究的局限与不足，为后续研究及同领域的相关研究提出建议。

就研究的创新性而言，本书试图在以下三方面有所贡献：第一，以视阈融合的方法论哲学为指导，通过对人力资源开发理论研究与实践活动的评析，界定了各开发主体的角色与责任，从而构建了多主体协同的人力资源开发主体关系模型。第二，将基于主体建模的方法引入人力资源开发主体间行为的研究，揭示了人力资源开发多主体博弈互动与动态演化的运作机制，进而解释现实中的困境问题并寻找多元合作的优化路径。第三，为辽宁高技术服务业构建了多主体协同的人力资源开发体系，依据三螺旋模型对政府、大学、企业、中间组织分别设计了转型目标，弥补了对该产业及其他新兴产业的人力资源开发问题解决策略的匮乏。

本书的出版得到国家社科基金青年项目"新兴战略产业人才开发机制研究"（项目编号：11CGL015）、东北财经大学"双一流"建设项目高水平学术专著出版资助计划的资助，在此深表谢意。

王晓莉

2019 年 9 月

目录

1 绪论 / 1

   1.1 选题背景 / 2

   1.2 研究问题 / 5

   1.3 研究设计 / 7

   1.4 研究创新之处 / 11

2 人力资源开发主体行为的理论述评 / 12

   2.1 人力资源开发主体的界定 / 12

   2.2 人力资源开发主体行为的理论基础构建 / 24

   2.3 人力资源开发主体行为的反思 / 34

   2.4 本章小结 / 49

3 人力资源开发多主体关系分析与行为博弈 / 50

   3.1 视阈融合的哲学与方法论 / 50

   3.2 人力资源开发多主体关系分析 / 55

3.3 人力资源开发多主体行为博弈／59

3.4 本章小结／65

4 人力资源开发多主体协同演化模型构建／67

4.1 三螺旋理论与应用述评／67

4.2 基于三螺旋的人力资源开发多主体演化博弈模型／73

4.3 基于三螺旋的人力资源开发中间组织角色分析／81

4.4 本章小结／85

5 多主体协同的人力资源开发体系设计：以辽宁高技术服务业为例／87

5.1 高技术服务业及其人力资源开发特点分析／87

5.2 高技术服务业人力资源开发主体行为的影响因素分析／96

5.3 高技术服务业多主体协同人力资源开发体系设计／111

5.4 本章小结／150

6 研究结论与讨论／151

6.1 主要结论／151

6.2 局限与展望／154

参考文献／156

索引／162

1　绪论

　　人力资源开发是一门相对年轻的学科，但却是一个历史久远、根基牢固的实践领域。为了能够改善生存环境，人类总是试图有目的地得到发展，这似乎是人类的本性使然。人力资源开发的理论与实践深深根植于人类对发展与进步的这种美好追求里。

——［美］理查德·斯旺森，埃尔伍·德霍尔顿[①]

　　人力资源开发这一术语自20世纪70年代在美国诞生，在多学科的理论、方法与实践的协同作用下逐渐发展，成为一个独特的研究领域。20世纪80年代，人力资源开发与管理的理论传入我国，学者们在欧美模式的基础上对我国人力资源开发的理论体系与实践方法进行研究。全球化与知识经济的大背景使得世界各国国内更加重视人力资源开发活动，力求通过此路径实现国民经济的可持续性与内生性增长，进而获得长久的国家竞争力。企业与大学也积极参与到人力资源开发活动中，职业培训、管理开发、正规教育等多重途径共同作用于员工个体之上，旨

---

① 斯旺森，德霍尔顿.人力资源开发［M］.王晓辉，译.北京：清华大学出版社，2008：6.

在提升个体能力与组织绩效。我国也已明确提出了"人才强国"战略，特别是针对重点培育与发展的战略性新兴产业，各级政府纷纷颁布多项人才培养、人才吸引、人才保留的优惠政策，并投入大笔资金实施宏观层面的人力资源开发。高等教育、职业教育等正规教育机构也进行了大刀阔斧的改革，竭力为国民经济及产业发展提供所需的智力支持与知识保障。企业在培训、职业发展、管理开发等人力资源开发方面的投入不仅数额增加，并且日益规范化、专业化，以期增强组织及成员的实力与竞争力。然而，多主体参与的人力资源开发活动如何实现不同主体的不同开发目的？多层次组合的人力资源开发措施如何实现协同与一致？多维产出的人力资源开发成果是否让多方主体都从中获益？本书在系统阐述国内外人力资源开发理论与实践的基础上，依据视阈融合的研究范式重新审视人力资源开发研究，构建了三螺旋的人力资源开发多主体博弈整合模型，并运用模型结论针对辽宁省高技术服务业的人力资源开发进行评价与分析，提出了人力资源开发的整合性措施建议。

1.1 选题背景

作为一门新兴学科，人力资源开发的现有理论与实践之间存在许多分歧，而分歧的存在也正是研究问题的起点。作为一个新兴经济体，我国的经济发展与产业政策存在许多待解的矛盾，而矛盾的存在也正是思维创新的灵感。因此，梳理与借鉴相关国家人力资源开发的研究与实践成果，探索我国人力资源开发理论与应用路径，具有重要的理论与现实意义。

1.1.1 理论驱动

人力资源开发领域的研究历经40多年的发展，已经在研究对象、理论构建、方法工具以及学术团体等方面有所建树，在实践领域也已得到政府、企业、大学等多方主体的认可与参与。但是，从已有的研究成果看，众多的理论与实践研究之间存在分歧，甚至有学者认为呈现出"非此即彼"的敌对态势（Rob Poell，2010）。2001年人力资源开发领域的核心学术期刊《国际人力资源开发（Human Resource Development International, HRDI）》出版了一期题为《定义人力资源开发（Defining HRD）》的特刊，众多学者对人力资源开发的理论基础、研究范式等问题各抒己见，包括对开发主体的界定、对研究方法的选择、对研究范式的明确等。虽然有人认为这种"混乱"的状态不利于人力资源开发研究的深入与扎实，但是正如《人力资源开发》一书的作者理查德·斯旺森（Richard Swanson）所说："任何一个学术或实践领域，总会存在一些对立的观点，对不同观点的重要性和差异性也会存在热烈的争议。指出差异固然重要，但是找到共识更为重要[1]。"但现有的理论研究还是局限于研究者的学术背景与研究方法惯性，受制于社会制度与经济发展模式，从而阻碍了融合与共识的实现。

就人力资源开发的层次与实施主体而言，微观角度的人力资源开发研究以心理学、教育学为理论基础，注重研究工作场所的技能开发，强调个体与企业的绩效提升与学习成长；而宏观层面的人力资源开发研究则以经济学、系统学为理论基础，注重政府政策的制定与国民素质的整体提高。两个层次之间并不相融，而介于其间的区域/产业人力资源开发研究则尚不成熟（房国忠，2009；刘进才，2010）。而事实上，实施提升员工技能的人力资源开发活动的主体既包括企业，也包括政府、大学等社会组织，多方主体共同发挥作用，因此多层次主体之间的融合才是完整的研究视阈。本书试图从开发主体角度切入，对不同层次、不同层面的人力资源开发主体所实施的人力资源开发活动及其理论支持进行研究，发现主体之间的影响机理与协同机制，融合人力资源开发的多主体视阈。

1.1.2 现实召唤

在改革开放以来我国经济高速增长的背后，劳动力数量所带来的"人口红利"发挥了至关重要的作用。然而，2013年1月国家统计局发布的数据显示，2012年我国15—59岁劳动年龄人口在相当长时期里第

---

[1] 斯旺森，德霍尔顿.人力资源开发［M］. 王晓辉，译.北京：清华大学出版社，2008：54.

一次出现了绝对下降，比上年减少 345 万人，这意味着人口红利趋于消失，导致未来中国经济要过一个"减速关"[①]。如何创造"新人口红利"成为保持国民经济持续、稳定增长的重要问题（厉以宁，2012）。而"新人口红利"的获得不能再依赖数量的增长，而是要诉诸质量的提升，因此提高劳动力的素质技能成为摆在政府、企业以及高等教育机构面前的重要任务。

事实上，在此之前颁布施行的"人才强国"战略就已经开启了通过人力资源开发——特别是高端人才开发——路径推动国民经济可持续性、内生性发展的战略实践。党中央、国务院召开了全国人才工作会议，制定和颁布了《关于进一步加强人才工作的决定》和《国家中长期的人才发展规划（2010—2020 年）》，还组织实施了包括"千人计划"在内的一系列重大人才工程。2012 年 11 月召开的党的十八大明确提出要实行"人才优先的战略布局"，实现由人才大国迈向人才强国的目的。与此同时，企业对人力资源开发活动的重视与投入也日益增加。2012年 11 月，上海交通大学海外教育学院企业大学课题组发布的《2012 中国最佳企业大学成熟度研究报告》显示，"企业大学"这种最高级形态的企业人力资源开发形式在我国已有 1 200 多家，每年承担着面向几千万企业员工的培训和能力发展[②]。人力资源开发部门在组织中的地位、作用，人力资源开发从业人员的专业化水平，都有显著提高。

虽然各级政府、企业组织对人力资源开发的重视与投入与日俱增，但人力资源开发的效果仍有诸多不尽人意之处。人力资源开发活动从过程看贯穿在劳动者的整个职业生涯中，从主体看囊括整个社会系统，特别是代表政策制定者的政府、代表公共教育方的大学以及代表雇佣方的企业。各主体在劳动者职业生涯的不同阶段及某阶段实施人力资源开发活动，共同作用于劳动者这一人力资源开发对象。但不同主体又是彼此独立的社会组织，在人力资源开发这一人力资本投资行为上的决策标准和收益评测各不相同，相互之间的合作与协调并非易事。更何况劳动者

---

① 田俊荣.劳动年龄第一次出现下降，人口红利拐点已现 [EB/OL]. [2013-01-28]. http: //finance.people.com.cn/n/ 2013/0128/c1004-20340931.html.
② 夏冰.中国企业大学从成长走向成熟 [EB/OL]. [2011-11-17]. http: //money.163. com/12/1117/01/8GFN4A8J00253B0H.html.

作为自由个体的流动，使得主体的投资行为风险更大。现实情况表现为：政府颁布各项优惠政策鼓励人才吸引、激励、开发活动，而企业内部的人才开发与管理水平不匹配，导致人才流入后难以保留，政府的投入收效甚微；企业抱怨招人难，因此大学在政府的要求与支持下开展专业人才培养工作，但毕业后的学生却流入待业大军，"就业难"与"用工荒"同现。如何破解这些难题？实现人力资源开发多主体间的协同与整合是重要的切入点，这也是本书研究问题的现实意义所在。

1.2　研究问题

1.2.1　基础理论层面

人力资源开发作为一个新兴的研究领域，大多数国外学者认为它是一门多学科交叉形成的理论与实践成果（Galagan P.，1986；Mclagan P.，1989等）。罗·杰克布斯（Ron Jacobs）指出："人力资源开发既是一个专业实践领域，也是一个学科互涉的新兴学术知识体[①]。"我国学者也普遍认同这一观点（谢晋宇，2005；王晓晖，2008；黄健，2009；欧阳忠明，2011），"人力资源开发是一个新兴的跨学科、综合性、应用性研究领域"[②]。从我国人力资源开发研究的成果来看，基础理论研究成果相对较少，人们对概念术语的内涵、外延、理论框架、研究方法等基础问题认识不足、亦不系统。较之于西方学者侧重微观层面人力资源开发研究的特点，我国学者的研究要么从宏观视角进行且偏重学校内的公共教育（欧阳忠明，2011），要么局限于企业内部的培训活动（刘进才，2010）。本研究从人力资源开发的基础理论入手，分析人力资源开发的理论基础、研究边界、实践经验，从整合的观点梳理人力资源开发的理论知识，以期完善理论研究内容框架。

[①]　JACOBS R.Human resource development as an interdisciplinary body of knowledge ［J］. Human Resource Development Quarterly，1990，1（1）：66.
[②]　王晓晖，谢西庆.我国建设人力资源开发学科刍议［J］.中国人力资源开发，2008（9）：18.

1.2.2　问题解决层面

人力资源开发是由多主体共同进行的系统化行为，政府、大学、企业、家庭、个人都在其中发挥各自的作用。就工作场所的人力资源开发而言，政府、大学和企业是最重要的三方，现实情况下影响和实施人力资源开发行为与结果的也是这三方。作为彼此独立的社会组织，这三方主体之间在进行人力资源开发的过程中存在紧密的互动关系，形成了一个典型的人类社会复杂系统。系统成员各自的目标与行为会影响其他成员，同时受到其他成员的影响，最终也会影响整体层面的目标实现情况。那么，三者之间的影响机制是怎样的情形？如何实现三方主体之间的协调、合作？如何实现多方投资的高效、共赢？面对这样的问题，学者们没有揭示其深层原因，也没有指出融合的路径。本研究尝试使用主体建模这种研究复杂动态系统运行机制的研究工具，试图打开人力资源开发多主体运作机制的"黑箱"，进而解释现实中的问题并提供解决路径。

1.2.3　决策应用层面

作为实践应用性研究领域，人力资源开发研究的终极目的在于指导实践，实现开发效果的优化——即劳动者技能素质提高、组织绩效提升、经济增长持续。"加快经济转型升级、促进科学发展"，是我国"十二五"时期发展的主线，而"发展战略性新兴产业，是中国立足当前渡难关、着眼长远上水平的重大战略选择"。为此，2010年9月《国务院关于加快培育和发展战略性新兴产业的决定》（国发〔2010〕32号）颁布，2012年7月《"十二五"国家战略性新兴产业发展规划》（国发〔2012〕28号）下发。高素质的人才队伍在战略性新兴产业培养与发展过程中是核心要素之一。如何满足新兴产业发展对高质量人才的迫切需求？如何创造"新人口红利"以保证经济增长的可持续性？如何保证政府、大学、企业在人才方面的投资能够高效率、高效益？这些亟待解答的问题正是本研究所得出理论结果的应用领域，期冀通过模型化的理性分析所得出的答案能够对实践领域的决策者、管理者有所裨益。

1.3 研究设计

1.3.1 研究思路

本书以文献研究、理论思辨、主体建模、案例研究为基本方法，以"文献综述—理论推演—模型构建—实例验证—应用策略"为研究思路框架（如图1-1所示），探讨"人力资源开发多主体间的博弈与协同"问题。本书通过对人力资源开发理论基础、内涵边界、多主体实践的梳理奠定了论题的研究基础，引入视阈融合的方法论哲学拓宽和完善了人力资源开发的研究视角。在此基础上，本书使用主体建模方法对人力资源开发的多主体行为系统进行了静态博弈模型分析，分析主体之间的作用机制与结果，继而以三螺旋理论为模版构建"政府-大学-企业"人力资源开发多主体演化合作模型，诠释多主体合作机制的实现路径与影响因素，进而引入中间组织并探讨其价值与采用机理；最后，本书选择辽宁省高技术服务业的人力资源开发问题作为实证案例，进行理论模型的结论检验与应用，并尝试为政府、大学、企业的人力资源开发提供建议，完成开发目标并推动产业发展。

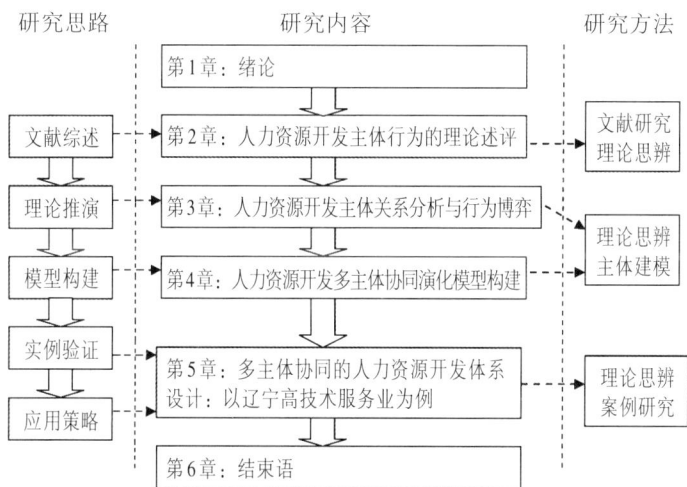

图 1-1　本书的研究框架

1.3.2　研究内容

根据论题的研究思路，本书共分为6章，各章核心内容如下：

第1章为绪论，介绍本书的思路缘起与研究设计。首先介绍了本书的选题背景与原因，阐述论题研究的理论价值与现实意义；继而明确本书的关键概念与研究问题，说明论题研究的概念框架；之后对本书的研究思路进行说明，介绍本书的结构内容与研究方法；最后提出研究的创新之处。

第2章为文献述评部分，该章对人力资源开发主体及其行为研究的理论成果与实践进行述评。首先梳理并拓展了人力资源及开发的内涵界定，将宏观与微观结合的人力资源开发观作为本书的观点立场，为论题研究明确了分析视角。进而整理了对人力资源开发理论基础的不同观点，将经济学理论、学习理论与系统理论列为人力资源开发主体行为研究与实践的三大支柱，从而为本研究搭建了理论基础的平台。之后，对微观与宏观层面的人力资源开发研究成果与实践经验加以总结比较，对各主体的人力资源开发形式与效果及相互冲突问题进行论述，进而揭示人力资源开发多主体整合与协同的研究价值。

第3章和第4章是模型构建与解析部分。第3章从视阈融合这一方法论哲学入手，论述了作为社会科学研究领域之一的人力资源开发存在着视阈割裂的研究局限，而视阈融合将为人力资源开发呈现研究与实践的"全景图"。以该方法论哲学为指导，对人力资源开发多主体关系的模式与特点进行探究，指出人力资源开发目前的主体关系是以政府为主导的企业-大学合作关系，未来趋势是向多主体、多中心的治理模式转型。之后对人力资源开发多主体之间的博弈关系进行分析，首先从不同组织之间、组织内的个人与组织、组织外的企业与大学这三种多主体情况的静态博弈关系进行探讨，发现合作是各方实现帕累托最优的路径。第4章以三螺旋理论为模型基础，以政府、大学、企业这三个最重要的人力资源开发主体为对象构建了人力资源开发的动态演化博弈模型，并计算了演化模型的稳定策略，同时分析了三螺旋模型中中间组织的重要作用与实施路径。

第5章为案例研究与应用部分，以辽宁省高技术服务业的人力资源开发问题为实证案例，验证理论分析结果的正确性与实践应用。先对高技术服务业的基本情况加以概述，分析产业特点与产业人力资源需求、培养的特点，说明选择该产业作为案例研究对象的必要性与可行性，铺垫研究与应用的基础。之后结合辽宁省的实际情况，分析高技术服务业设计实施人力资源开发的产业因素及环境因素，利用第3章的博弈分析结果讨论该产业的多主体人力资源开发问题。最后以第4章演化模型的理论分析结果为指导，结合高技术服务业与辽宁省情况，设计了由政府、大学、企业及中间组织共同构成的辽宁高技术服务业多主体协同化人力资源开发体系。

第6章是研究结论与讨论，对全书的主要观点进行整合，进而对人力资源开发研究及人力资源开发主体整合机制的未来发展进行展望，总结本研究的局限与不足，为后续研究及同领域的相关研究提出建议。

1.3.3 研究方法

（1）文献研究法

文献研究法是依据并围绕研究论题或目的，通过对现有文献的搜集与整理，从而全面、客观了解和掌握论题现有成果与基础的一种方法。正所谓："知其然，知其所以然"。只有全面地了解论题的研究现状与问题，才能正确地选择研究问题的内容与思路。笔者借助中国知网、维普网搜集国内相关文献，通过 Emerald、EBSCO、Sage、Wiley 检索国外相关文献，使用中经网、国研网等获取产业面板数据与研究报告资料，利用 Baidu 等公共搜索平台和图书馆查找相关新闻、数据、报告、书籍等资料。充分的文献检索与整理，保证了本书在论题的研究价值、研究设计等方面的合理性。

（2）理论思辨法

理论思辨法是社会科学研究中常用的方法，该方法包括哲学思辨与理性思辨两个方面，是利用科学研究的基本逻辑与工具对所研究的问题进行推理与论述的。本书所探讨的人力资源开发内涵与主体、多主体构成及相互关系等问题需要进行哲学思辨，从基础理论层次梳理研究的基本框架、研究视角。而人力资源开发研究本身就具有跨学科的复杂性，通过理论思辨对现有研究成果进行分析、归纳、审视，这是研究过程的客观需要。此外，本书还特别使用了视阈融合的方法论哲学观点，为多主体整合的研究主题奠定方法论哲学基础，以保证分析与论证的科学性。

（3）主体建模法

主体建模法是在对社会个体进行数学建模的基础上，利用模拟技术来推演社会演化发展过程的方法（黄璜，2010）。数学建模法是用数学符号、数学式子、程序、图形等对实际问题本质属性的抽象刻画，或能解释某些客观现象，或能预测未来的发展规律，或能为控制某一现象的发展提供某种意义下的最优策略或较好策略。主体建模则是一种"人工社会"①的构建技术，能够模拟主体的社会特征、关注动态过程、支持复杂系统的演化策略。基于主体建模的模型可以看作是社会科学的实验室，可以帮助社会科学家研究动态的社会过程②。人力资源开发的多主体复杂系统与该方法的应用条件十分吻合，因此本书利用该方法设计了多主体的静态博弈与动态演化模型，并运算得出了策略集，有助于摆脱以往单纯依靠经验分析制定决策的非理性障碍。

（4）案例研究法

案例研究法不是简单的资料搜集与整理，而是包含研究设计、资料处理与数据分析的完整研究方法。相对于其他方法，案例研究法能够对研究对象进行厚实的描述与系统的理解，而且对动态的互动历程与所处的情景脉络亦会加以掌握，从而可以获得一个较为全面与整体的观点（Gummesson，1991）。本书所用的是描述性案例研究法，即对案例特性与研究问题已有初步认识而对案例所进行的更仔细的描述与说明，以提升对研究问题的了解③。本书在第三部分所构建模型的基础上，以辽宁省高技术服务业的人力资源开发为具体案例，讨论模型构建及结果的科学性与应用价值，一方面验证了理论分析结果，同时为实践应用措施提

---

① 黄璜.社会科学研究中"基于主体建模"方法评述［J］.国外科研与管理，2010（5）：43.
② EPSTEIN J M，AXTELL R L.Growing artificial societies：Social science from the bottom up［M］.Cambridge：MIT Press，1996.
③ 郑伯埙，黄敏萍.实地研究中的案例研究［M］//陈晓萍，徐淑英，樊景立.组织与管理研究的实证方法［M］.北京：北京大学出版社，2008：199-226.

供理论指导建议。

1.4　研究创新之处

（1）以视阈融合的方法论哲学为指导，通过对人力资源开发理论研究与实践活动的评析，界定了各开发主体的角色与责任，从而构建了多主体协同的人力资源开发主体关系模型。

（2）将基于主体建模的方法引入人力资源开发主体间行为的研究，揭示了人力资源开发多主体博弈互动与动态演化的运作机制，进而解释现实中的困境问题并寻找多元合作的优化路径。

（3）以辽宁高技术服务业为实例构建了多主体协同的人力资源开发体系，依据三螺旋模型对政府、大学、企业、中间组织分别设计了转型目标，弥补了对该产业及其他新兴产业的人力资源开发问题解决策略的匮乏。

2 人力资源开发主体行为的理论述评

人力资源开发是一个相对年轻的学科领域，其研究问题、研究方法、应用领域都体现了多学科、跨领域的融合与并蓄，同时也表现出观点的矛盾与冲突。本章对人力资源开发及其主体行为研究的内涵界定、理论基础及实践活动进行评述，旨在梳理人力资源开发主体的基本类型与行为内容，为下文的研究奠定基础。

2.1 人力资源开发主体的界定

2.1.1 人力资源及人力资源开发的内涵边界

（1）人力资源的内涵与外延分析

从概念表述上看，人力资源开发的对象即为"人力资源"，而明确人力资源的内涵与外延则是辨析人力资源开发主体的前提。当代著名的管理学家彼得·德鲁克（Peter Drucker）1954年在《管理的实践》一书中首次提出人力资源（Human Resources）的概念，将其界定为人的

"特殊资产"，包括"协调能力、融合能力、判断力和想象力"，旨在强调并突出人的要素在企业所有资源中的重要性。目前，对人力资源概念的界定有以下三类观点：人员观、素质观和能力观。人员观将人力资源表达为某类人的集合，关注人力资源数量范围的界定；素质观认为作为生产要素投入的是人的素质，具体可分为生理素质、心理素质、技能素质、道德素质等；能力观则认为人力资源在劳动过程中的作用在于劳动能力的具备与发挥，认为人的劳动能力分为体力劳动能力和脑力劳动能力两方面。对比三类不同观点，本书认为作为生产要素的人力资源既要考量数量界定、又要关注质量要求，既要考察内在特性、又要观察外在行为。为此，将人力资源的内涵作如下表述：人力资源是指具备体力劳动能力、脑力劳动能力和道德能力的人口的总和。在组织层面，人力资源是指应用于实现组织目标的具备体力劳动能力、脑力劳动能力和道德能力的员工总和。

厘清人力资源的内涵必须将其与经济学中的另一个相似概念——人力资本——进行对比。《新帕尔格雷夫经济学大词典》中这样解释："作为现在和未来产出与收入流的源泉，资本是一个具有价值的存量。人力资本是体现在人身上的技能和生产知识的存量[1]。"该概念的提出者，美国经济学家舒尔茨（Theodore Schultz）认为，人力资本（Human Capital）是指"凝聚在劳动者身上的知识、技能及其表现出来的能力"[2]。他认为人力资本在劳动者身上以知识、技能、经验等形式表现出来，而人力资本的形成是经由人力资本投资才实现的[3]。国内大部分学者都接受了舒尔茨的定义。与人力资源相比，传统的观点认为人力资本在内涵对象的质量要求上更高、外延范围在数量上更少，而实施人力资本投资是将人力资源提升至人力资本的必然路径。

综合以上可以看出，国内外学者对于人力资源、人力资本以及两者之间的区别在观点上并不一致，不过大多数学者都认为两者之间存在差

---

① 帕尔格雷夫·新帕尔格雷夫经济学大词典（第二卷）[M]. 北京：经济科学出版社，1992：736.
② 舒尔茨.人力投资——教育和研究的作用 [M]. 蒋斌，张蘅，译.北京：商务印书馆，1990.
③ 舒尔茨.人力投资——教育和研究的作用 [M]. 蒋斌，张蘅，译.北京：商务印书馆，1990：2.

异，在内涵和外延上不等同。但是随着知识经济的普及，劳动者队伍的基本素质不断提升，知识型员工在劳动力队伍中所占比例逐渐增加，脑力劳动在工作中所占比例日益扩大。因此，从现实趋势来看，人力资源与人力资本之间在质量与数量上的差异越来越小，两概念有等同的趋势。尤其是在人力资源开发的研究中，更多地关注工作场所内的开发活动，而该范围内的劳动者都已经储备基本的劳动技能与素质，在全社会范围内可属于人力资本范畴。所以，本研究下面所用到的人力资源与人力资本概念是同一的，即应用于实现组织目标的具备体力劳动能力、脑力劳动能力和道德能力的员工总和。而人力资本投资与人力资源开发是从不同学科领域对同一组行为的不同表达。从主体的角度来看，人力资源概念主要被置于组织环境中进行探讨，因此人力资源的管理与开发主体为微观企业；而人力资本的形成需要投资过程，该过程中的投资主体除了企业之外还包括政府、大学、家庭、个人等多元组织，尤其是政府、大学等公共服务组织在人力资本形成过程中发挥着重要作用。

（2）人力资源开发的含义与内容特性

①人力资源开发的概念界定

人力资源开发（Human Resources Development），直译为"人力资源发展"，在我国习惯性称为"人力资源开发"。最早提出"人力资源开发"概念的是美国乔治·华盛顿大学的教授那德勒（Leonard Nadler），他认为人力资源开发是指"在特定时间所进行的一系列有组织的活动，以产生行为的改变"[①]（Nadler，1970）。后来又修订为"在特定时期内，雇主（企业）提供的有组织的学习体验，其目的是增加员工提高岗位绩效与个人发展的可能性（Nadler，1983）。"这一定义强调了学习与工作的相关性。斯旺森（Richard A. Swanson）在 1995 年整理了之前学者的研究成果，将人力资源开发定义为"一个以提升绩效为目的、通过组织发展和员工的培训与发展来培育和释放劳动者专业技能的过程"[②]。美国培训开发协会（ASTD）则把人力资源开发界定为整合培训与开发、职业发展与组织开发，以提高个人和组织效率的活动。吉雷（Jerry W.

---

① NADLER L. Developing human resource：Concepts and models［M］. San Francisco：Jossey-Bass，1970.
② 斯旺森，德霍尔顿. 人力资源开发［M］. 王晓辉，译. 北京：清华大学出版社，2008.

Gilley）与梅楚尼奇（Ann Maycunich）新近提出了战略人力资源开发的表述，"即通过有组织的干预活动和管理措施，促进组织学习、绩效和变革以达到提升组织绩效、竞争力和创新能力之目的"[①]。这些界定更多的是从组织中的人、或组织来对人力资源开发的内涵进行描述的，仍然没有超越一个组织所关注的焦点（Wang 和 Mclean，2007）。与此同时，伴随着该领域研究的国际化拓展，一些学者把人力资源开发研究的边界拓展到国家层面。Mclean（2001）对人力资源开发的定义为："能够发展与人的、与工作相关的知识、技能、生产效率和满意度的过程或活动，它在或短或长的时期内可能使个人、团体或组织甚至全人类获益。"该定义把人力资源开发拓展到了国家甚至是全人类层次，从而超越了组织的边界。

我国学者对人力资源开发的理解与研究更趋向于宏观层面以及整合的观点。萧鸣政（2004）指出，"人力资源开发者通过学习、教育、培训、管理等有效方式对既定的人力资源进行利用、塑造、改造与发展的活动"[②]。廖泉文（2003）根据人力资源开发活动的层次将人力资源开发划分为广义与狭义："广义的人力资源开发是指人的整个职业生涯的历程，包括少年、青年、中年、老年各个阶段，接受各种培训和指导，从而不断得以提高和开发的过程；而狭义的人力资源开发是指在特定的组织中，通过职业管理来塑造个体本身而使之获得开发，以及通过工作设计来改善环境以促进人员的开发，从而实现员工能力的充分发挥和潜力的最大释放，获得工作满足，最终实现组织与员工共同开发的动态管理过程"[③]。简建忠将人力资源开发的"绩效范式"与"学习范式"加以整合，认为人力资源开发是以绩效为取向和以战略为取向的学习活动，绩效取向以员工个人和企业整体绩效的提升为关注点，战略取向则关注企业长期发展和员工的职业发展。

通过综述国内外学者对人力资源开发的界定，可以看出学者们在人力资源开发的内涵与外延问题上存在较大分歧。国外学者尤其是欧美学

① 吉雷，梅楚尼奇.组织学习、绩效与变革——战略人力资源开发导论［M］.康青，译.北京：中国人民大学出版社，2005.
② 萧鸣政.人力资源开发的理论与方法［M］.北京：高等教育出版社，2004.
③ 廖泉文.人力资源管理［M］.北京：高等教育出版社，2003.

者将人力资源开发的研究对象定位于工作场所内的学习活动，主要从微观层面对人力资源开发进行界定，组织及组织中的员工是开发的对象，学习、绩效及组织变革是人力资源开发的目的。而国内学者的研究则偏重人力资源开发的宏观角度，学校教育、继续教育、组织内学习等都是人力资源开发的手段，组织、高校、政府都成为组织人力资源开发的主体，各类人群都可以成为开发对象①。本研究支持整合性的人力资源开发含义，即微观与宏观的人力资源开发应该是协调统一的，在开发对象、开发目的、开发时间的问题上，应该是和谐统一的。

②人力资源开发与人力资源管理

在实践领域当中，人力资源开发作为一项单独的职能逐渐从人力资源管理部门中脱离，但是就概念术语而言，"人力资源开发"、"人力资源管理"与"人力资源开发与管理"经常容易混作一用，而实际上它们之间的差异与职能区别已经日趋迥然。人力资源管理旨在研究通过招聘、选择、考核、薪酬等管理措施和手段对组织内外相关人力资源进行有效运用，以提高工作效率并实现组织目标②。人力资源开发则探究如何设计、实施、激励员工的学习行为，从而提升组织人力资源的效能以及组织绩效。它们虽然都以人力资源为研究群体，但是在研究对象上却存在比较大的差异，约翰·威尔森（John P.Wilson）通过人力资源"圆盘"将它们之间的职能范围及区别进行了清晰的描述（如图2-1所示）。从它们之间的目的及内容看，人力资源管理是面向现在的管理活动，关注人力资源的"利用与保值"，具体内容包括工作设计、招聘选拔、配置调整、绩效薪酬等职能工作；人力资源开发则是面向未来的管理活动，关注人力资源的"发展与增值"，具体内容包括个体开发、职业与群体开发、组织开发等职能工作。从它们的实施主体看，人力资源管理的主体为组织，是组织对内部员工的管理行为的一部分职能；而人力资源开发的主体是多元的，个人、家庭、学校、企业、政府等各层次的组织都参与到人力资源开发中，并且同一个客体在某一时期也可以接受来自不同主体的开发的活动。

---

① 刘进才.关于拓展人力资源开发内涵的思考［J］.中国人力资源开发，2010（12）：7-10.
② 林忠，金延平.人力资源管理概论［M］.大连：东北财经大学出版社，2009.

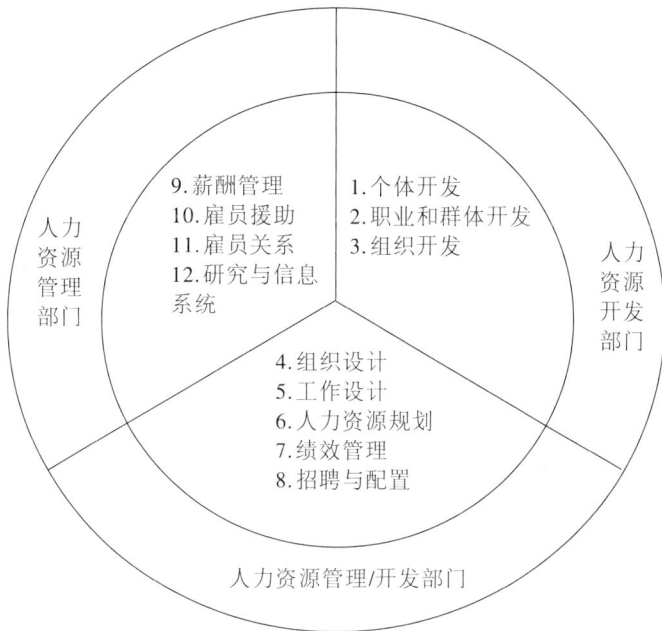

图2-1　人力资源"圆盘"图

资料来源：WILSON J P.Human resource development：Learning and training for individuals and organizations ［M］. London： Kogan Page Publishers.1999：14.

　　总之，人力资源开发与人力资源管理相辅相成、互为依托，开发需要管理的匹配、管理需要开发的支持。在传统的组织中，人力资源管理得到员工与管理者更多的重视，而人力资源开发仅仅被理解为培训活动。但随着人的要素价值被重视，人的发展问题被关注，实践与学科的发展越来越凸显出了人力资源开发领域研究的独特价值，因此研究人力资源开发问题与实践为学者们提供了广阔的学术空间。

　　③人力资源开发的特征分析

　　人力资源开发是一个长期的、持续的、不断的、积累的过程，自身具有显著的特点。

　　其一，主体与目的的多元性。无论是哪一种类型的人力资源开发，都是具有一定目的的。个体自身的开发活动旨在实现自身价值的最大化，以企业为代表的微观营利性组织的开发活动旨在实现组织经营目标的最大化，以国家为代表的公共组织的开发活动旨在实现社会经济效益的最大化。而大学、区域政府等特殊类型或中间层面的开发主体则是出于自身角色和利益取向实施开发行为的。多元主体的参与决定了人力资源开发目的的多元性，而如何实现多元目的的调和也是实施人力资源开发的难点所在。

其二，运行的系统性。人力资源开发的对象与主体都是复杂的系统，相互之间的作用关系更是复杂多变。人力资源本身无论从数量还是质量角度来看，都是多维度、多层次的，对其实施的开发活动虽然可能有明确的指向与针对性，但是最终效果的实现依然是系统运行的结果。而人力资源开发的各个主体也都是相对独立的系统，但彼此之间在社会经济网络中又存在互动关系，因此设计和实施人力资源开发战略、策略及具体方案时也必须采用系统的方法①。

其三，过程的动态性。人力资源开发的主体和客体都是具有能动性的人或组织，并且开发过程具有长期性、开发活动具有多样性，因此人力资源开发体系具有动态性。在人力资源开发过程中，应根据开发对象的不同个性设计不同的开发方案，根据开发主体的不同目的设置不同的责任角色，结合不同阶段的实际情况调整开发的目标、内容和措施。与此同时，人力资源开发的外部环境也处于不断的变动当中，经济形势、产业发展、技术创新、文化融合，所有这些外部要素都不是一成不变的，因此处于其中的人力资源开发也必须与时俱进、保持活力。

通过对人力资源开发内容与特点的分析，本研究认为应将人力资源开发作为一项系统工程，其开发对象包括以工作场所员工为主体的具备体力、脑力、道德要求的劳动者，其开发主体包括以政府、大学、企业为主的多层次组织，其开发内容包括生理、心理、伦理、智力、技能在内的多元内容，其开发方法包括以人力资本理论、学习理论为指导的多学科、多领域工具。只有这样，才能最终实现人力资源开发的目的——个人成长、组织发展、社会繁荣。

---

① 房国忠.东北老工业基地人力资源开发研究［M］.北京：科学出版社，2009.

2.1.2　人力资源开发主体的类型与范围

人力资源开发的主体，即实施人力资源开发活动的组织与个人。传统的人力资源开发被限定于企业组织内工作场所中发生的训练、学习行为，因此开发主体包含企业与劳动者个人两方面。而人力资本理论主张的人力资本投资行为则包括多元主体，特别是政府、大学在其中的宏观引导、支持与开发实践。本书认为，将两者进行区别甚至割裂的观点不利于人力资源开发的实施与目的的实现，劳动者的学习过程是延续的、立体的，不能简单地划分阶段与区分责任。因此，人力资源开发是一个多主体的系统性活动，需要多元主体的共同参与才能优化系统的运行结果。当然，不同的人力资源开发主体，其开发目的、内容必然有所差异。

（1）政府与大学——宏观人力资源开发

宏观领域的人力资源开发研究主要关注全面提高国民素质的教育、医疗、培训领域，研究适合本国国情的、适应知识经济时代要求的国家教育体系和知识创新体系。关于宏观人力资源开发的主要观点集中表现为对人力资源在现代经济增长中的作用和贡献的认识和分析方面，认为人力资源是现代经济增长的第一资源。以新古典增长理论、新增长理论为基础，大量的实证研究证明了人力资本是经济增长的源泉。宏观人力资源开发的主体为政府和大学，其目的在于合理、科学地提升整个社会的素质技能水平，从而保持经济、社会的稳定发展。

在知识经济时代下，一个国家或地区经济势力的强弱，越来越取决于人力资源开发利用的水平的高低。同时，人力资源开发也是最经济的、回报率最高的开发活动。人力资本理论认为，人力资本的投入作为最具竞争力的投入，在经济增长中的作用越来越突出。丹尼森（E.F. Denison）研究了1929—1957年美国经济增长，发现人力资本对经济增长的贡献接近35%。特别是处于相对落后的国家和地区，宏观层面的人力资源开发对于经济提升与追赶可能是具有决定意义的，也就是说，人力资源的开发是后进国经济追赶的强大动力之一[①]。改革开放以来，我国经济之所以能够高速运行，得益于劳动人口的数量红利，也得益于以教育、卫生、医疗事业为代表的人力资源开发活动的社会效应，即低成本的人力资源数量与高素质人力资源的积聚。从开发内容上看，政府在人力资源开发中的作用主要体现在国民教育、医疗卫生、市场服务与战略制定等方面。在教育方面的任务主要分为义务教育与高等教育两个阶段，一方面保证义务教育的普及率、高质量，一方面支持高等教育的均衡发展、质量监控，以实现国民基本素质与专业素质的共同提升。在医疗卫生方面，主要是通过医疗卫生机构的设置与监督为国民提供公平而优质的健康服务与保障体系。在市场服务方面，主要是通过与劳动力市场相关的服务平台、信息系统、认证评估以及市场监督、政策引导、环境建设等方面工作支持人力资源的市场配置机制。在战略制定方面，主要是结合社会经济的整体战略目标制定前瞻性的国家人力资源战略与措施，提升国家整体的竞争实力。

（2）企业与个人——微观人力资源开发

微观领域的人力资源开发研究，主要集中在企业人力资源开发和管理工具、人力资源规划、招募和选拔、职业培训、管理发展等方面。微观人力资源开发（包括企业人力资源开发和个体人力资源开发）的主体为组织及组织内的劳动者个体，通过劳动者自我学习及组织提供的工作场所内的学习等途径促进个体的潜能开发，提高个体的工作效率及竞争力，实现组织发展目标。人力资源开发早期的研究大多是微观的，但是也由于研究范式的差异形成了不同的观点流派，"绩效范式"与"学习范式"就是最主要的两大派别[②]。"绩效范式"将人力资源开发的最终目的定位为员工个体与企业组织绩效的提升，而"学习范式"则认为人力资源开发的本质在于个体与组织的学习活动，只有学习活动的有效实施引发的行为改变才能实现绩效与竞争实力的提升。而人力资源开发的具体内容则包括培训、职业生涯开发、管理开发、组织开发以及知识管理与人力资本管理等多个方面（如图2-2所示）。

---

① 张和平.人力资源开发的特点和功能［J］.青海民族学院学报：社会科学版，2007（3）：101-104.

② 樊建芳.知识型企业人力资源开发研究［M］.杭州：浙江大学出版社，2008.

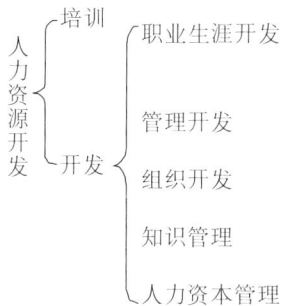

图2-2 微观人力资源开发的内容构成

资料来源：谢晋宇.人力资源开发概论［M］.北京：清华大学出版社，2005：14.

企业是工作场所人力资源开发的实施主体，也是数量最多的人力资源开发主体，其作用对于人力资源开发的质量至关重要。传统的企业人力资源开发以培训为核心形式，但目前开发形式已经更加丰富多元，包括技能培训、管理开发、组织学习等多种形式。人力资源开发工作对企业绩效的积极作用也被管理者认可，因此投入的人力、物力与财力显著增加。但是，作为经济组织的企业，在实施人力资源开发的时候还是会采用成本收益分析的思路，对于风险大、收益不确定、成本投入高的开发形式，会持谨慎、犹豫的态度。也有可能受限于短期利益的追逐而放弃实施人力资源开发活动。与宏观层面的人力资源开发研究相比，微观层面的人力资源开发研究显示出更大的分歧，同时也呈现出更丰富的内容和视角。以培训为代表的微观人力资源开发与组织绩效、员工满意度、组织承诺等变量之间呈正相关的关系，这一结论也已经得到学者们的共识。同样，以教育为代表的宏观人力资源开发与国民经济、科技创新等变量之间的显著积极关系学者们也已经对其达成一致。但是，如何使得微观与宏观层面的人力资源开发的关系协调，是当下要解决的学术问题之一。

2.1.3 人力资源开发主体的国内研究评析

我国学者对人力资源开发主体的行为的关注是伴随着人力资源开发研究的"西学东渐"逐渐展开的。1967年，那德勒提出了人力资源开发（HRD）这一术语并于1970年出版《人力资源开发》一书，人力资源开发逐步取代原来的"培训"和"培训开发",成为相对独立的研究领域。与此同时,经济学及管理学中相关理论的发展也为人力资源开发理论与实践的前进提供了丰富的内容与支持,如人力资本理论、组织开发理论等。不同学者从各自的研究背景对人力资源开发进行探索,所持观点进而存在差异。从国内的研究来看,20世纪80年代初人力资本理论传入我国,不同领域的学者们分别从经济学、管理学、教育学的不同学科领域对我国的人力资源开发问题进行探索。进入20世纪90年代,一批西方国家人力资源管理和开发的经典丛书陆续被翻译出版,国内学者也编写了一批人力资源开发的著作,如萧鸣政编著的《人力资源开发的理论与方法》与谢晋宇著的《人力资源开发概论》,理查德·斯旺森与埃尔伍德·霍尔顿同著的人力资源开发领域国际权威著作之一《人力资源开发》一书也于2008年由清华大学出版社出版。这些成果为我国人力资源开发研究与实践奠定了基础。

本书以目前国内学术文献收录最新、最完整的中国知网数据库进行了文献检索与整理。截至2013年3月28日,以"人力资源开发"为"篇名"关键词进行检索,共得到11 402条结果。图2-3显示出成果数量的逐年分布趋势,可以看出自1980年第1篇文章发表始,人力资源研究的成果逐年增加,特别是在2000年之后。图2-4显示出研究成果数量分布的前10个学科领域,可看出我国人力资源开发研究的成果分布于多个学科领域,主要集中在企业经济(2 892篇)、宏观经济管理与可持续发展(2 810篇)、人才学与劳动科学(1 801篇)、农业经济(1 210篇),学科领域的分布体现出我国人力资源开发研究偏重于宏观层面的理论研究,对微观组织在工作场所的开发活动研究还不够深入,研究方法也多为传统的定性分析,而将宏微观两层面进行结合的成果更是罕见。表2-1为该检索项下被引次数最多的10篇文章,这10篇文章中只有1篇是研究人力资源开发的基本理论问题,2篇为调查报告,5篇关于公共部门人力资源开发,2篇研究宏观人力资源开发问题。这一检索结果体现出我国目前的人力资源开发研究偏重于政府、高校等公共部门人力资源开发问题,关注农村、女性、少数民族等特殊群体的宏观性开发,而理论研究和企业组织层面的人力资源开发研究方面尚显薄弱。

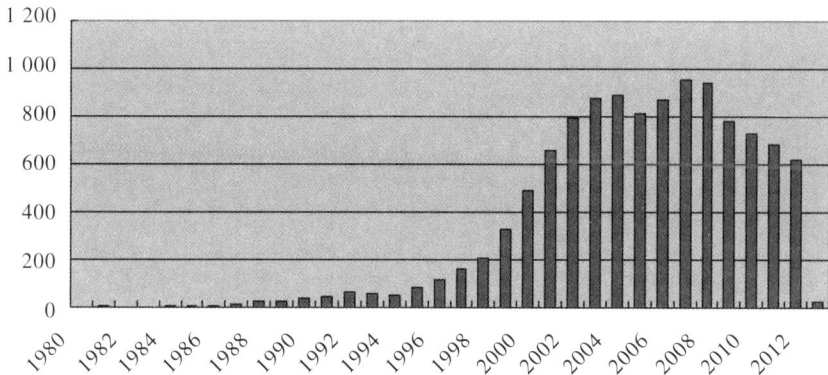

图2-3　国内人力资源开发研究的年度成果数量分布图

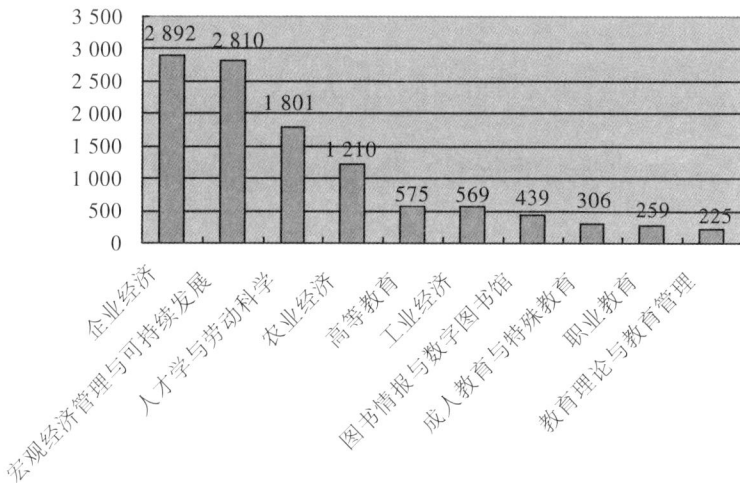

图2-4　国内人力资源开发研究成果的学科分布

　　从国内人力资源开发研究的现状来看，现有研究往往仅从单一开发主体视角分析人力资源开发的路径与方法，而较少关注主体之间的行为影响，分析工具也以理论推演、经验分析为主。本研究试图弥补这一缺陷，将论题聚焦于人力资源开发主体之间的作用关系与协调机制，通过建模推演的方法科学化地分析该问题并得出结论。

表2-1　国内人力资源开发研究成果被引用次数最高的10篇文章

排序	题名	作者	期刊	发表时间
1	基于胜任特征模型的人力资源开发	时勘	心理科学进展	2006.07
2	我国农村人力资源开发的现状及战略选择	王德海 张克云	农业经济问题	2001.09
3	高校人力资源开发与管理新机制探索	张建祥	高等教育研究	2002.03
4	人力资源开发与经济增长关系的定量研究	沈利生 朱运法	数量经济技术经济研究	1997.12
5	外资与人力资源开发：对中国的经验总结	赵江林	经济研究	2004.02
6	论图书馆人力资源开发	谭伟	中国图书馆学报	2000.03
7	对当前我国农村人力资源开发的思考	邓涛	农村经济	2004.01
8	现代图书馆人力资源开发与管理机制探讨	王关锁	图书馆情报工作	2002.11
9	中国集团企业人力资源开发管理现状调查研究（二）——人力资源培训与开发、绩效考核体系分析	赵曙明 吴慈生	中国人力资源开发	2003.03
10	护理人力资源开发与利用中存在的问题及对策	赵冬梅 董慧娟	中国卫生经济	2000.02

2.2　人力资源开发主体行为的理论基础构建

以提高智力与技能、改善生产效率为目的的人类活动由来已久，但"人力资源开发"这一术语及学科领域的形成还未满半个世纪。一个严密而富于逻辑的人力资源开发理论基础，能够提供理解人力资源开发活动与研究的有效工具，并为实践与理论的发展提供支撑。人力资源开发领域的研究往往从其他学科汲取养料、兼容并蓄，学者们在其交叉性、边缘性的特点上意见一致，却难以在明确其理论基础的问题上达成共识（见表2-2）。

表 2-2　　　　　　　　人力资源开发理论基础的不同观点

学者	观点	隐喻
Swanson（1995）	经济学、心理学、系统理论	"三角凳"模型
Willis（1997）	成人教育、教学设计和绩效技术、心理学、商学、经济学、社会学、文化人类学、组织理论、沟通、哲学和人际关系学是它的分支	多个支流的河川系统
Mclean（1998）	不赞成仅仅局限于几门学科，而应该从更广泛的视角来界定	"章鱼"或"蜈蚣"
Kuchinke（2001）	认为没太多必要去限制人力资源开发的学科基础数量，并对将系统论作为理论基础提出质疑	
Chalofsky（2007）	社会学、人类学、心理学、管理学、教育学、经济学、物理科学和哲学都是其学科基础	
萧鸣政（2004）	人口学、心理学、教育学、社会学与文化学是其学科基础	
黄健（2009）	心理学是其核心基础之一，而经济学（特别是劳动经济学）、教育学（特别是职业教育与成人教育）、心理学、组织学、管理学、人才学、社会学等常常成为这个学科重要的研究视角	

资料来源：欧阳忠明，刘琼.学科互涉视角下的人力资源开发理论研究［J］.理论与改革，2009（4）：41-43.

本书认为，作为新兴的、尚未成熟的研究领域，人力资源开发的研究视角、问题选择、学者背景、方法工具等学科特性都体现出多元化的特点并非坏事，只要能够融会贯通、有助于解释和解决问题。本研究基本支持 Swanson 的观点，认为经济学、心理学和系统理论在人力资源开发理论的构建中起基础性作用。同时认为鉴于经济学、心理学研究内容的丰富性，并非所有的理论成果都对人力资源开发价值显著，因此应该具体选择与人力资源开发联系最紧密的基础性研究成果作为人力资源开发的理论基础。从人力资源开发主体的角度看,"经济学"中的"人力资本理论"对于研究与支持以政府及大学为代表的宏观人力资源开发主体行为最具指导意义,"心理学"中的"学习理论"对于指导微观企业及个人选择与设计人力资源开发活动最有裨益,而"系统理论"对于建立主体协同的一体性人力资源开发体系至关重要。因此,本研究从开发主体的角度将人力资源开发理论基础界定为:人力资本理论、学习理论和系统理论,三项理论分别指导了宏观人力资源开发主体、微观人力资源开发主体与协同体系的构建(如图2-5所示)。

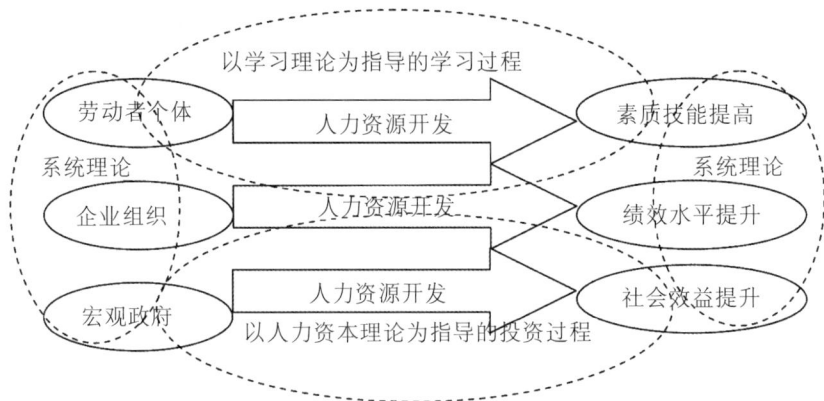

图2-5 人力资源开发的理论基础

2.2.1 宏观人力资源开发主体行为的理论基础

经济学理论中的人力资本理论(Human Capital Theory)是人力资源开发最重要的理论基础之一,该理论的研究成果为以政府为主体的宏观人力资源开发主体提供了行为的理论依据与指导。该理论认为,人是一种特殊的资本,人所具有的知识、技能和经验能够提高组织的生产效率从而给整个社会带来经济价值。人力资源开发是针对员工个体实施的行为,要想说明其存在的价值并获取支持,必须能够证明其对组织的经济贡献。而人力资本理论正论证了这一过程(如图2-6所示)。人力资本理论从经济学角度,认为所有人力资源作为一种资源,对它的投入和产出分析,继而论证这部分投入的合理性和必要性。

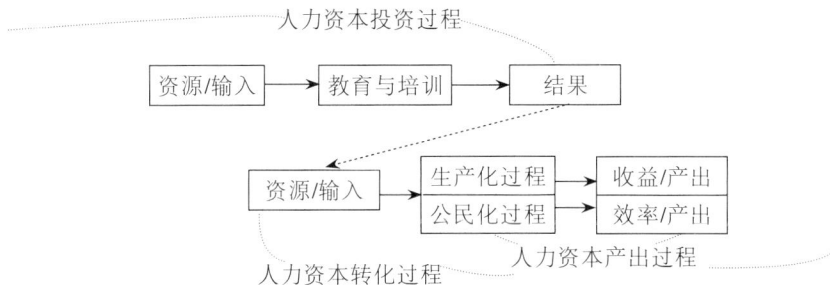

图2-6 人力资本理论模型

资料来源：斯旺森，德霍尔顿.人力资源开发［M］.王晓辉，译.北京：清华大学出版社，2008：87.

人力资本理论的创始人——西奥多·舒尔茨（Theodore Schultz）对人力资本的研究就主要集中于人力资本的宏观基础理论分析，他主要研究了人力资本投资尤其是教育投资对经济增长的巨大作用。舒尔茨说："人类的未来不取决于空间、能源和耕地，它取决于人类智力的开发。"①掌握了知识和技能的人力资本是一切生产资本中最重要的资本，而这种资本的获得则需要通过人力资本投资。人力资本投资的形式分为五个方面：卫生保健设施和服务；在职培训；正规的初等、中等和高等教育；不仅是由商社等组织的成人教育计划，特别是农业方面的校外学习计划；个人和家庭进行迁移。可以看出，舒尔茨所主张的人力资本投资形式是以政府为主体的宏观人力资源开发形式，教育、医疗卫生、公共培训等内容形式普遍地作用于整体国民，实现国家或区域整体人力资本存量的增长，进而为经济增长作出贡献。其后，贝克尔（Gary S. Becker）、明塞尔（Jacob Mincer）、丹尼森（Edward Fulton Denison）等人更是利用定量的方法研究了人力资本投资的各类形式对国民经济及个人收益的贡献系数，将人力资本的"资本"特性论证得更加完善。目前人力资本理论已经在主流经济学理论中拥有一席之地，而新近的研究主要集中在新增长理论、新制度经济学、企业理论中的应用以及有关人力资本的各种实证研究。其中有代表性的观点和成果有肯尼思·阿罗（K.J.Arrow）的"干中学"理论、保罗·M.罗默（Paul M.Romer）的知

---

① 舒尔茨.人力投资［M］.贾湛，施炜，译.北京：华夏出版社，1990.

识溢出模型、罗伯特·E.卢卡斯（Robert E.Lucas）的人力资本溢出模型、新制度经济学的人力资本契约理论等。

人力资本理论的提出与发展，科学地证明了人——特别是具有专业知识和技术的高质量的人——是推动经济增长和经济发展的真正动力。学者们从经济角度对人力投资所作的分析，使人们对人力资源开发投资的价值与收益有了深入具体的认识，说明了以人力资源开发为代表的人力资本投资是一种生产性的资本投资，经济增长不仅要注意实物或货币资本的作用，还要注意通过人力资本投资进行深层开发的作用。人力资本理论的研究成果为宏观人力资源开发主体的行为提供了扎实的理论支持，同时，对不同地区、国家、时期人力资本投资问题的研究也为政府作为开发主体的行为选择提供了依据。在人力资本投资分析的结果中，不同形式的人力资本投资对经济整体的贡献是不一致的。全面的人力资本投资分析包括政府、企业、家庭与个人三个层面，但目前大多数的研究往往选择某一两个方面，探讨人力资本投资与区域经济增长、区域竞争力增长等的线性关系。这些研究成果对于政府的人力资源开发投资决策与工具选择是非常有益的。

2.2.2　微观人力资源开发主体行为的理论基础

学习理论（Learning Theory）是探究人类学习本质及其形成机制的理论，是教育学和教育心理学的一门分支学科，其研究内容为通过描述或说明人类和动物学习的类型、过程以及有效学习的条件进而探究学习的性质、过程、动机以及方法和策略等[①]。传统的学习理论主要分为两大理论体系：行为学习理论和认知学习理论，而随着信息技术的发展与普及，建构主义学习理论和人本主义学习理论成为学习理论的新热点。学习过程也就是人力资源开发活动在劳动者个体身上实现作用的过程，学习理论对于人力资源开发方法、工具、流程的设计与实施具有重要的指导作用，是人力资源开发的另一项理论基础（见表2-3）。

---

① 莫雷. 教育心理学［M］. 北京：教育科学出版社，2007.

表2-3   学习理论的流派及对人力资源开发的启示

理论流派	代表性理论	基本假设	学习动机假设	理论缺点	学习迁移假设	对HRD的启示
行为主义	强化理论社会学习理论目标设定理论期望理论	行为的愉快/痛苦；改变个体今后的行为	强化强化物	被动外部强化试错不人性	共因素说；形式训练说	培训目标明确；有助于激发成人的学习动机；即时反馈；反复练习；结合实践；培训内容有逻辑；知识与技能相关；对技能培训设计有帮助
认知主义	信息加工理论归因理论	人在学习时有分析/选择/加工知识的能力，有主动性动机	内部动机；自己目标的选择	过于生理化	概括化理论	通过发现而学习；社会化；认知性；挑战性；互动性；外部动机向内部动机转化；兴趣的意义；对知识培训设计有帮助
人本主义	需求理论成就动机理论	人的学习动机/需求；认知与体验结合；全脑学习；自发学习	以需求为基础	动机比较成为行为的直接能力	兴趣和动机决定迁移	从真实问题引起学习；提供学习资源；利用社会进行学习实践；分组；建立学习团队；自我评价；对人际关系技能培训设计有帮助
建构主义	认知灵活理论	知识是学习者创造出来的；学习者可以有自己的体验；学习具有复杂的社会互动	学习者对知识的创造	忽视概念的重要性	关系迁移理论；由随机而形成通达	自主决定学习起点、入口、时间、深入度；协作或合作学习；由不同的情景引发概括；对高级学习有帮助，尤其是对研究开发、知识创新有特殊意义

资料来源：谢晋宇.人力资源开发概论［M］.北京：清华大学出版社，2005：90.

　　行为主义学习理论认为，个体在不断接受特定的外界刺激后，就可能形成与这种刺激相适应的行为表现，即学习就是刺激与反应建立了联系。因此该理论学派认为，学习就是通过引发行为的环境因素作用于学习者而导致的结果，促进学习的方法就是创造环境因素强化学者的行为。在早期简单的刺激-反应学习模式上，美国心理学家班杜拉接受了认知学习理论的有关成果，提出了"人在社会中学习"的基本观点。按照班杜拉的理解，对于有机体行为的强化方式有三种：一是直接强化，即对学习者作出的行为反应当场予以正或负的刺激；二是替代强化，指学习者通过观察其他人实施这种行为后所得到的结果来决定自己的行为指向；三是自我强化，指根据社会对他所传递的行为判断标准，结合个人自己的理解对自己的行为表现进行正或负的强化。自我强化参照的是自己的期望和目标。行为主义学习理论对人力资源开发活动的发展发挥了很大的推动与支持作用，尤其是在技能培训、行为指导和管理开发方面。但是注重"效果律"的行为主义学习理论只关注学习者的行为而忽视了学习者作出反应的原因，无法体现成人学习者的主动性与人性化追求。

　　认知主义学习理论强调有机体的学习是在大脑中完成的对于人类经验重新组织的过程，学习过程应重视学习者自身的建构和对知识的重组，运用同化与顺应的方法有效地促成学习者知识结构的建立。认知学派的学者利用当代认知心理学的信息加工的观点来解释学习过程，利用计算机模拟的思想展示了学习过程中的信息流程——由"信源"发布"消息"、编码处理后通过"信道"进行传递、再经过译码处理还原为"消息"、之后被"信宿"接收。认知主义学习理论对知识、能力的培训有较好的指导意义，其对人力资源开发的指导主要体现在战略人力资源开发活动、知识创新和自我学习方面，以及职业生涯开发与组织开发领域。

　　人本主义学派的学者主张研究人的本性、潜能、经验、价值、生命意义、创造力和自我实现，需求理论、成就动机理论等为代表理论。其主要观点包括：第一，以人性为本位的教学目的观。人本主义认为：人性本质是善的，人生而具有善根，只要后天环境适当，就会自然地成长；人所表现的任何行为不是由外在刺激引起或决定的，而是发自内在、出于当事人自己的情感与意愿所做出的自主性与综合性的选择；人的学习是个人潜能的充分发展，是人格的发展。第二，彰显主体的教学过程观。人本主义认为，在教学过程中应以"学生为中心"，教育的主要功能是创造最好的条件促使每个人达到他所能及的最佳状态，帮助个体发现与他的真正的自我更协调的学习内容和方法，提供一种良好的促进学习和成长的气氛。[①]人本主义学习理论在企业的人力资源开发中应用广泛，从需求出发设计和实施学习活动能够更好地激发学习者的兴趣进而实现自发、主动学习。以体验为主的培训方法——如情景模拟、案例分析、角色扮演等都是在该理论的基础上发展而来的。

建构主义学习理论根源于认知主义，认为知识是发展的、由学习者内在构建的，强调学习者对知识的加工。建构主义强调学习者是以自己的经验为基础来建构现实，或者至少说是在解释现实，学习者要努力通过自己的活动建构形成自己的智力的基本概念和思维形式。建构主义强调，应当把学习者原有的知识经验作为新知识的生长点，引导学习者从原有的知识经验中，生长新的知识经验。教学不是知识的传递而是知识的处理和转换，教师不单是知识的呈现者也不是知识权威的象征，教师的角色应该是学生建构知识的忠实支持者、学生学习的高级伙伴或合作者。因此，教师与学生、学生与学生之间需要共同针对某些问题进行探索，并在探索的过程中相互交流和质疑，了解彼此的想法，引导学习者从原有的知识经验中生长新的知识经验。

1990年，彼得·圣吉（Peter Serge）在其著名的《第五项修炼》一书中提出了学习型组织的概念，并迅速流行开来。学习型组织是一种灵活、能不断适应变化、能不断自我学习和更新、充满创造力、能持续开拓未来的组织。在学习型组织中，领导者负责营造学习的环境、管理者担当学习的伙伴、员工则是自主性学习的承担者，HRD专业人员应当担当起员工拥护者的角色，倡导公司的战略性学习方向、以改善学习机会并使得学习机会达到最大化。而根据吉雷和梅楚尼奇（2000）的观点，更优的阶段是开发型组织（如图2-7所示）。在本章第3节中将对

---

① 莫雷.教育心理学［M］.北京：教育科学出版社，2007.

开发型组织作更加细致的探讨。

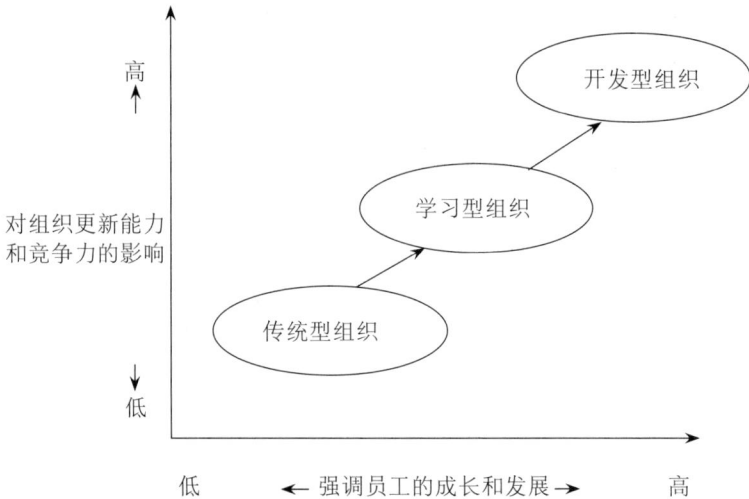

图2-7 组织学习的演变

资料来源：GILLEY J W，MAYCUNICH A. Beyond the learning organization：Creating a culture of continuous growth and development through state-of-the-art human resource practices ［M］. Mass：Perseus Publishing，2000.

学习理论的研究成果对个体的学习动机、学习过程以及学习效果加以解释，组织学习的观点与路径更是对学习行为与组织绩效之间的关系进行了探析。"学习范式"的人力资源开发从学习理论中汲取了大量的理论支持与方法建议，因此可以说该理论为微观的人力资源开发主体行为提供理论基础。

2.2.4 多主体协同人力资源开发的理论基础

系统论（System Theory）是研究系统的一般模式、结构和规律的学问，它研究各种系统的共同特征，用数学方法定量地描述其功能，寻求并确立适用于一切系统的原理、原则和数学模型，是具有逻辑和数学性质的一门新兴的科学①。系统论出现之前，学者们惯于采用将整体事物分解为部分的思路研究问题，通过对部分的研究抽象出最简单的因素来，然后再整合于一体说明复杂事物本身。这种方法的着眼点在局部或

---

① 魏宏森.系统论［M］. 北京：世界图书出版公司，2009.

要素，适合认识较为简单的事物，而不胜任于对复杂问题的研究，不能如实地说明事物的整体性和事物之间的联系与相互作用。系统分析方法却能高屋建瓴、综观全局，因此为现代的复杂问题提供了有效的思维方式。

系统论认为，整体性、关联性、等级结构性、动态平衡性、时序性等是所有系统的共同的基本特征。这些，既是系统所具有的基本思想观点，也是系统方法的基本原则，表现了系统论不仅是反映客观规律的科学理论，而且具有科学方法论的含义，这正是系统论这门科学的特点。特别是 20 世纪 90 年代诞生的"混沌理论"使传统的科学观发生了根本的变化。混沌理论是"对于自发决定的非线性动态系统中的不稳定和不规则行为的定性研究"（Kellert，1993）。在混沌理论的基础上，复杂适应性系统理论以更加全面的视角探讨复杂系统中的行为。它认为系统在介于混沌与有序之间的复杂地带发生着作用，而这种状态下的系统进行着自我组织、自我学习的过程，包括通过自我更新（模仿、复制、再造）而实现的结构变化、非线性的信息与资源流动以及能在矛盾充斥时创造动态稳定的不均衡状态（Dooley，1996）。

受系统理论的影响和贡献，人力资源开发活动的研究与设计也从个体层次提高到组织层次，例如著名的"全面质量管理"就是以系统论的观点为其核心框架与内容的。作为一种起统合作用的理论，系统论是关于世界与系统本质的本体论、观察和理解世界的方法论，对人力资源开发的理论意义十分重大。组织本身就是系统，系统论视角能够帮助人力资源开发全面地理解自己的研究对象；人力资源开发也是系统，对系统论的解释和运用有利于创建人力资源开发的结构与行为模式。在微观层次，系统论可以把人力资源开发的"各种实践经验组合为某种正式的理论架构，这种架构不但有利于推进实践性操作，而且反过来又成为进一步构造理论的基础"（Jacobs，1989）。在宏观层次，借助系统论所提供的跨学科平台，人力资源开发可以将多学科的成果融会贯通。就人力资源开发的主体而言，多个主体分别处于不同的社会领域、管理层级，彼此之间相对独立但又通过各种制度、契约、中间要素相互联系，共同构成了一个复杂的动态系统，剖析主体之间的相互关系以及协同机制需要利用系统论的基本原理与工具，实现微观与宏观、个体与集体、个量与总量之间的协调，并通过多学科领域的一体化研究找出最佳的实践方案。

2.3 人力资源开发主体行为的反思

本研究的论题为人力资源开发主体的行为模式，因此有必要梳理各方主体目前的行为状况与理论研究成果。以人力资源实施工作行为的组织为边界，本节将区分组织内与组织外不同主体在人力资源开发中的目标、作用，以及不同主体对人力资源开发内容的侧重点，以阐明并反思人力资源开发主体行为的问题与困境。

2.3.1 组织内人力资源开发——微观层

人力资源开发传统观点，就是指组织在工作场所对员工实施的技能开发活动。而组织内的实施主体亦可分为员工个体与组织两个维度。组织内的人力资源开发活动已经由最基本的技能培训扩展至涵盖员工整个就业过程、多元素质提升的职业生涯开发层面。因此本小节讨论的组织内人力资源开发研究既包括岗位技能培训，也包含职业生涯管理方面的内容。

（1）个体人力资源开发

个体人力资源开发指的是员工个体根据自身特质，为满足自我发展与自我价值实现而主动实施的，旨在提升知识、技能与行为的方法和措施。从定义可以看出其特点包括：第一，以满足个体自身发展与自我价值实现为目的；第二，个体依据自身特质主动实施；第三，实施方法与路径不限于同一组织内[①]。随着教育程度的提高与社会环境的变化，越来越多的员工个体为了谋求个人价值的实现与职业成功，积极参与各种能力提升活动、探索个人能力提高的路径。不仅参加与当前职位相关的各种培训，更注重参加职业探索方面的规划与管理。龙立荣（2000）、廖泉文（2006）等学者也结合我国企业员工的情况进行了职业生涯管理

---

① 刘天祥.IT产业知识型员工职业生涯管理研究［D］.厦门：厦门大学，2009.

的探索研究，提出我国企业员工通过个体职业生涯管理实现个体人力资源开发的结构及关系，包括职业探索、职业目标和策略制定、继续学习、自我展示、注重关系五个因素且各因素间是并列的相关关系，而员工的职业成功可以通过个体职业资本的积累、职业能力的开发、职业机遇的把握、职业成功的促进等方面的人力资源开发促进实现。员工个体实施人力资源开发的意愿与方法选择受到自身特质与组织因素的影响，个人成就意愿强烈的个体主动实施人力资源开发的探索与努力程度也更高，而组织对个体的支持与制度保障也对个体人力资源开发的实施概率有积极作用。当然，如果个体实施开发活动之后实施了脱离组织的职业转换，即离职行为，也会给组织带来一定的损失。这种情况在个体开发意愿强烈而组织对员工开发不重视的矛盾状况下，特别容易发生。因此，个体主动开发与组织实施员工开发之间的协调非常重要。

（2）组织人力资源开发

组织人力资源开发是指组织实施的开发员工潜力、促进员工发展、帮助员工自我实现的一系列管理策略过程，其目的在于提高人力资源获取、保留、发展能力，进而增强组织核心竞争力以及可持续发展能力。狭义的人力资源开发活动就是从组织的角度进行的，其特点为：第一，以满足组织绩效提升与持续发展为目的；第二，由组织负责实施；第三，主要在单一组织范围内开展[1]。组织人力资源开发活动的形式与内容比较丰富，包括培训、咨询、辅导、教练、员工援助计划等形式。组织员工培训作为最基本的人力资源开发形式目前已经被整合到以组织职业生涯管理为代表的组织人力资源开发活动中。Gutteridge（1986）将组织实施的人力资源开发活动分为组织内个人层面与组织层面两个部分。在个人层面上，组织为个人提供自我评估工具和机会与个体职业生涯规划指导；在组织层面上，建立内部劳动力市场、设置员工能力测评中心、开展开发型培训活动以及相匹配的薪酬激励制度等[2]。大多数学者的研究并不做这样的划分，但也都对组织内人力资源开发的形式与内容进行了归纳总结（见表2-4）。从表中可看出，组织内的人力资源开

① 刘天祥.IT产业知识型员工职业生涯管理研究［D］.厦门：厦门大学，2009.
② GUTTERIDGE T G. Organizational career development systems: The state of the practice［M］. San Francisco: Jossey-Bass Pub, 1986: 50-94.

发活动内容与措施日益丰富，从关注单一的岗位需求扩展至组织需求，进而扩展至对员工个体需求的强调；从关注单一时点的需求扩展至关注组织战略的需求，进而扩展至对员工个体整个职业生涯过程的关注；从关注现有岗位技能的传授扩展至潜在能力的开发，进而扩展至知识的分享与创造。于是，组织实现了从传统型组织向学习型组织，进而向开发型组织的升级转型。

表2-4　　关于组织人力资源开发内容的主要观点整理

学者	类别划分	主要观点
Pazy（1988）	3大类	开发政策、促进员工发展的活动和为员工提供职位空缺信息
Ivaneevich 和 Glueck（1989）	6大类	职业咨询、职业路径、人力资源、管理开发、培训及特殊团队
Gutteridge、Leibowitz 和 shore（1993）	6大类 32种具体措施	提供员工自我评估工具、潜能评价、内部劳动力市场积极管理、个人的职业咨询和职业讨论、工作匹配系统以及包括岗位轮换、报销和导师制等在内的发展计划
Barueh 和 Peiperl（2000）	5大类 17种措施	基本措施（公布内部工作信息、作为职业生涯发展一部分的正规教育、退休准备计划、为培养跨职能经验的水平调动）；积极规划（作为职业规划基础的绩效评价、主管上级的职业咨询、HR部门的职业咨询、接班人计划）；积极管理（评价中心、正式的导师制、职业研习会）；形式的措施（有关职业生涯的书籍或小册子、双职业通道、由组织或组织及个人共同完成的书面个人职业规划、普通职业通道）；多方向的措施（同事评价、下级评价）
龙立荣等（2002）	4个维度	晋升公平、注重培训、职业自我认识和提供职业信息

（3）开发型组织构建

市场和技术的竞争、全球化以及环境变革加剧了组织所面临的挑战，人的因素在组织发展中的作用愈发显著，对组织战略的贡献愈发突出。人力资源开发项目不能仅用于提高员工的技能与增加知识，而应有助于提升组织的总体有效性，即实现组织的战略目标。据此，有学者提出了战略人力资源开发的观点（Jerry W.Gilley、Ann Maycunich，2004），战略人力资源开发是通过有组织的干预活动和管理措施，促进组织学习、绩效和变革以达到提升组织绩效、竞争力和创新能力之目的[①]。战略人力资源开发的目的在于：第一，提升与工作相关的绩效的个体发展；第二，提升组织绩效的绩效管理系统；第三，优化人员潜质和组织绩效的组织发展干预，最终增强组织的竞争力及持续发展能力。根据人力资源开发的三个关键领域：学习、绩效与变革，有九种人力资源开发路径可供组织选择（如图2-8所示）。初级阶段的组织人力资源开发活动包括缺乏型人力资源开发、卖主驱动型人力资源开发、岗位培训、反应型人力资源开发及过渡型人力资源开发；而高级阶段的人力资源开发则包括高效型人力资源开发、学习型组织人力资源开发、人力资源拥护者和战略型人力资源开发。而要实践战略型人力资源开发，组织及人力资源开发人员必须在实践中贯彻基本的理论、制度原则，以保证开发目的的实现（见表2-5）。

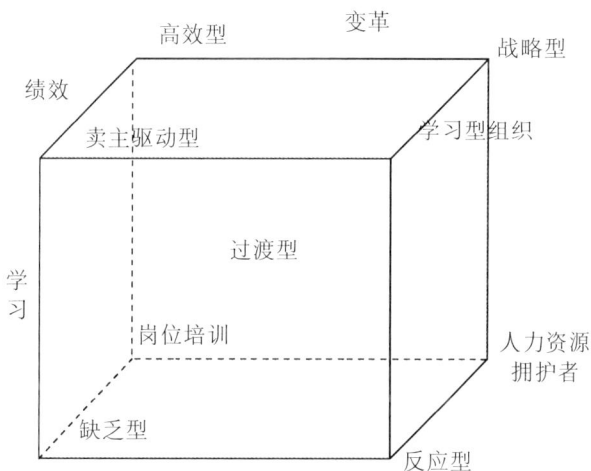

图2-8　组织人力资源开发的方法

资料来源：吉雷，梅楚尼奇.组织学习、绩效与变革——战略人力资源开发导论［M］.康青，译.北京：中国人民大学出版社，2005.

---

① 吉雷，梅楚尼奇.组织学习、绩效与变革——战略人力资源开发导论［M］.康青，译.北京：中国人民大学出版社，2005：7.

表2-5 **战略人力资源开发的14项实践原则**

原则1	有效的HRD实践应该整合综合性理论学科
原则2	有效的HRD实践应该基于满足利益相关者的需求和期望
原则3	有效的HRD实践应该是反应型的，而非责任型的
原则4	有效的HRD实践应该使评估成为不断改进质量的过程
原则5	有效的HRD实践应该致力于提高组织的有效性
原则6	有效的HRD实践应该依赖绘制关系图来提高运营效率
原则7	有效的HRD实践应该与组织的战略经营目的和目标相关
原则8	有效的HRD实践应该基于伙伴关系
原则9	有效的HRD实践应该以结果为导向
原则10	可信度是HRD实践成功的关键
原则11	有效的HRD实践应该利用战略规划，帮助组织整合其愿景、使命、战略和实践
原则12	有效的HRD实践应该依赖分析的过程以确定优先顺序
原则13	有效的HRD实践应该基于有目的和有意义的测评
原则14	有效的HRD实践应该促进工作场所的多元化与公平性

资料来源：吉雷，梅楚尼奇.组织学习、绩效与变革——战略人力资源开发导论 [M]. 康青，译.北京：中国人民大学出版社，2005.

（4）组织内人力资源开发的整合

传统基于主体维度的人力资源开发研究主要集中在个体与组织两大领域，其中个体层面的研究更注重于职业选择、职业目标设置与发展策略实施，而组织层面的研究更注重于人力资源开发内容、影响因素、组织绩效及组织策略等方面。虽然组织层面的研究也涉及个体层面的制度设计，但总体来说两个领域的研究融合较少，呈现出一种"奇怪的裂缝"现象[1]。Hall和Moss（1998）观察到竞争全球化与经济一体化的变化趋势，认为仅仅由组织或个体主导人力资源开发均不足以满足知识经济时代组织发展与个体发展的需要。他们提出：个人要对自己的个人发展负责，不要过多依赖组织；同时，组织在人力资源开发中应该考虑到员工个体的需要，并采取一些措施帮助员工实现发展，协同双方目标实现个体与组织的共同进步[2]。对个人来说，更加主动、积极地实施人力

---

① EDGAR H, SCHEIN. Career dynamics: Matching individual and organizational needs [M]. Boston: Addison-Wesley Publishing Company, 1978.
② HALL D T, MOSS J E. The new protean career contract: Helping organizations and employees adapt [J]. Organizational Dynamics, 1998, 26 (3): 22-37.

资源开发有利于提高个人的发展机会与生活质量；对组织来说，有效的人力资源开发可以保持员工竞争力，进而使组织在多变环境中的生存与发展空间相应扩大。我国学者龙立荣等（2001）也支持个体人力资源开发与组织人力资源开发的协同整合观点，认为人力资源开发应该由个人和组织共同实施比较理想，双方的关系应该是良性互动的[①]。廖泉文（2004）更是提出了职业生涯的"三·三·三"理论，认为职业生涯应由个体、组织、社会共同负责实施[②]。

　　组织内整合性人力资源开发研究涵盖了个体与组织层面的人力资源开发活动及理论，使二者互补匹配，并强调了各自的重点。两层次之间应当协同一致，互利共赢，从而实现组织内人力资源开发的战略性整合。而最终的目的在于构建超越学习型组织的开发型组织（见表2-6）。

表2-6　　　　　**传统型组织、学习型组织及开发型组织比较**

特征	传统型组织	学习型组织	开发型组织
导向	培训	学习	开发
组织的更新能力	低	中	高
人力资源的重要性	并不重要	重要	非常重要
对成长与发展的假设	培训会提升组织	通过学习培养创新能力	持续发展是竞争力、盈利能力和竞争的关键
对成长和发展的期望	改进技能、知识和态度	持续学习	组织更新和竞争的意愿
开发型活动的类型	偶然性学习 谈话性学习 附带性学习 预先性学习	重新学习 行动学习	开发型学习
开发型活动的重心	知识习得	应用和反思	变革及持续的成长和发展
开发型活动的结果	理解	自我超越和自我意识	绩效能力的提升和更新

① 龙立荣，方俐洛.职业发展的整合理论述评［J］.心理科学，2001（4）：101-102.
② 廖泉文.职业生涯发展的三、三、三理论［J］.中国人力资源开发，2004（9）：21-23.

特征	传统型组织	学习型组织	开发型组织
组织的优先顺序	市场份额、收益、生产率、利润率	学习是改善经营成果的关键	通过员工成长和发展达到经营目的和目标
领导类型	独裁的	交互式的不断演变的	开发型
结构和工作氛围	部门的、正式的、分等级的、少有或没有员工参与	团队/项目导向鼓励并奖励个体和团队学习	组织系统方法
领导者的角色	维持现状	协作者	全局思考者及开发支持者
管理者的角色	维持现状	学习伙伴	绩效教练
员工的角色	维持现状	自主型学习者	开发型促进者
HR专业人员的角色	维持现状	员工的拥护者	绩效咨询顾问及OD的变革代言人
促进组织发展所采取的措施	没有	关注学习	关注开发

资料来源：GILLEY J W，MAYCUNICH A.Beyond the learning organization：creating a culture of continuous growth and development through state-of-the-art human resource practices［M］. Mass：Perseus Publishing，2000.

2.3.2　组织外人力资源开发——宏观层

宏观人力资源开发是指国家和社会能够为人力资源开发创造教育、经济、制度、科技等方面的条件，对人力资源进行正规教育、智力开发、职业培训和高智服务，形成有利于挖掘和发挥人的创造力、潜力的机制和环境（王晓峰，2005）。宏观人力资源开发的主体主要包括政府、大学和其他社会组织，随着人力与知识要素在国民经济中地位和价值的提升，这些开发主体的工作方式、技术平台及作用角色也发生了变化。本小节根据不同的人力资源开发对象选择美国、印度、英国这三个国家的企业组织外人力资源开发模式进行剖析，总结其经验启示。

（1）创新型人力资源的开发——美国模式

作为第一发达国家的美国，长期以来始终保持精英人才与创新人才的世界领先地位，进而其经济发展的动力与潜力在很大程度上依赖于此。从宏观层面上看，美国拥有人才优势的重要原因之一就是其先进的教育、科技发展战略，美国政府在基础教育、高等教育、职业教育与资格认证、海外人才吸引等方面的措施经验已成为创新型精英人力资源开发的经典模式①。21世纪以来，美国联邦政府开始实施人力资本战略，将政府层面的人力资源开发提升至国家战略层面，此做法可称为宏观人力资源开发活动的"新标杆"。

①推行人力资本战略

作为世界最强大经济体的美国，其国家竞争优势倚仗于其人才优势，而人才战略更是其国家战略中的核心部分。美国每年的科研开发投入占到全球的40%，占其GDP的2.8%，世界排名前40位的大学超过一半在美国②。自2001年始，美国联邦政府更是将其人才战略上升至"人力资本战略"，并通过立法程序保证人力资源开发战略中的地位和作用。2001年8月，小布什总统在《总统管理议程》将人力资本战略作为首要的议程，旨在建立联邦政府高绩效工作系统，这一战略议程的实施由美国联邦政府人事管理办公室全权负责，总统、国会、部门和行政机构以及其他利益相关者共同参与。之后，联邦政府相继颁布了《人力资本长官法案（2002）》《联邦劳动力弹性法案（2004）》《政府问责总署人力资本改革法（2004）》等法案，并专门设置了人力资本长官委员会③。中央政府层面对人力资本的高度认知、高屋建瓴地规划人力资源开发并落实履职机构、评估工具，这对人力资源开发活动的效率与效果的实现提供了扎实的制度保障。

②发挥市场引导与服务作用

美国的政府人力资源开发管理部门不直接对人才市场的微观操作进行干预，而是把主要精力放在研究政策和制定政策上，通过宏观政策对

---

① 王晓峰.美国人力资源开发中政府的作用［J］.人口学刊，2005（3）：30-33.
② 王耀辉.国家战略——人才改变世界［M］.北京：人民出版社，2010：41.
③ 孙一平，胡晓东.21世纪美国联邦政府人力资本战略管理新发展及启示［J］.中国行政管理，2009（4）.

人才流动等人力资源开发活动进行国家调节。美国政府的人力资源开发部门认为，企业才是职业培训的主要提供者，充分发挥企业培训的主导作用，鼓励企业自办培训是美国政府促进劳动力职业培训的重要的战略之一，也得到了企业的广泛支持。例如《劳动力投资法（WIA）》就启动了三项改革：建立个人培训账户；确认培训提供方的资格及项目；加强项目执行情况的交流。根据规划确定的项目，联邦政府提供开发基金和规划实施的基金，以此鼓励各利益相关者积极参与进来，培训机构只有参加这些项目才能得到培训经费①。与各州联网的国家级"美国职业信息库（AJB）"和"美国人才信息库（ATB）"于20世纪90年代初投入使用，形成了快捷、准确、完整的现代化人才信息网，大大提高了劳动力市场的运行与服务效率和质量。同时，通过法律法规约束和规范人力资源服务，所有的人才流动和职业介绍机构都必须符合美国联邦政府和地方政府的法律。

③设计协调机制与监督评价

鼓励各级政府和组织的参与是美国政府宏观人力资源开发的有效手段，也形成了比较有效的协调机制。联邦政府积极倡导政府、协会、企业、员工和社区学院等各个层面通过建立合作伙伴关系共同参与人力资源开发项目，并通过培训项目的实施和经费支持来促进这种伙伴关系的发展。这些部门共同组成咨询委员会参与规划制定的设计和实施，充分征求他们的意见，形成完成人力资源规划目标的实施联盟。这些联盟横跨工作小组、部门、实施组织和管理组织的各层次，甚至会超越公私部门之间的界限。同时，在组织结构设置上，坚持集中和分散相结合的管理体制，既有统一的成果标准，又允许各级政府和组织在项目管理中具有较大的灵活性，这样就可以使战略措施的落实因地制宜，及时调整②。

对于开发项目的阶段性与最终成果，人事管理局（OPM）的人力资本办公室通过采用以红、黄、绿灯（红、黄、绿分别表示较差、中等、较好三种状况）为标志的"行政机关年度管理计分卡"进行追踪评估与管理，以保证所有机构按照规定的时间期限与质量要求完成任务，达到既定的人力资本战略管理标准。到 2004 财年第三季度，全部参评的 25 个机构中被评为"红色"的部门由 2001 年的 22 个减少至 5 个，有 7 个机构已经达到了"绿色"水平而且正在贯彻根据 OPM 战略框架而制定健全的人力资本管理办法和方案，充分显示出此套管理工具对人力资本战略管理实施的推动和促进。

从宏观的角度看，美国联邦政府的人力资本开发战略的发起与实施，从法律、落实机制、监管机构到监督评估结果的方法与工具，都有全面具体的相关措施配套完成。政府机构将宏观层面的技能培训、职业管理与市场、企业需求相结合，大大提高了整个人力资源开发系统的效率。相比之下，我国没有制定人力资本战略，高端人才培养在宏观人力资源开发中所占比例相对较小，管理制度也体现出机构分散、权责不清、行政色彩浓厚的缺陷。

（2）技能型人力资源的开发——印度模式

传统的宏观人力资源开发主体以政府和大学为核心，但随着对人力资源专业技能开发的强调，政府与大学在人才培养方面与企业、市场的需求相脱离的情况日益严重。而以专业协会为代表的中间组织在技能型人力资源开发方面能够发挥积极的作用。专业协会的介入机制是指专业协会协助高校与企业共同完成对产业人才的终身培养。发达国家和地区的经验表明，由协会对专业人才的教育培训进行规范和指导，不仅可以提高人才的培养质量和社会认可程度，从根本上改变人才培养的取向和基础，而且可以实现专业人才的持续发展，有利于高层次人才团队的建设。协会组织作为中介和技术组织，应当成为协助政府、联系会员企业与学校的重要纽带，成为协调政府、会员企业与学校三方关系的重要桥梁，成为构建高技能人才培养的"立交桥"，促进产业或专业内会员多方协作、合作培养高技能人才的中枢。协会组织应充分发挥这一桥梁作用，在"协"字上做文章，通过协助、协调、协商、协作，理顺各方关系。下文以印度 NASSCOM 为例梳理以行业协会为代表的中间组织介入人才开发的机制与路径。

印度服务外包（IT-BPO）产业商会 NASSCOM 成立于 1988 年，是一个非营利组织，总部设于新德里，其分支机构设在孟买、青奈、海德拉巴、班加罗尔、加尔各答和浦那。该组织在全球范围内拥有 1 200 多个会员，包括印度国内公司以及在印度设立业务机构的跨国公司，代表印度 IT-BPO 产业收入的 95%，雇佣员工数超过 230 万。目前 NASSCOM 已与全球 40 多个国家的行业协会建立了密切合作联系并签署了超过 50 份合作备忘录（MOU），是国际产业合作网络的重要成员、服务外包产业的权威市场机构与风向标，可以为其政府部门、成员企业提供全方位专业的发展建议。NASSCOM 在印度技能型人才开发中发挥的作用主要包括课程设计与认证、专业资格认证与专业继续教育和公共培训与人才服务三个方面（如图 2-9 所示）。

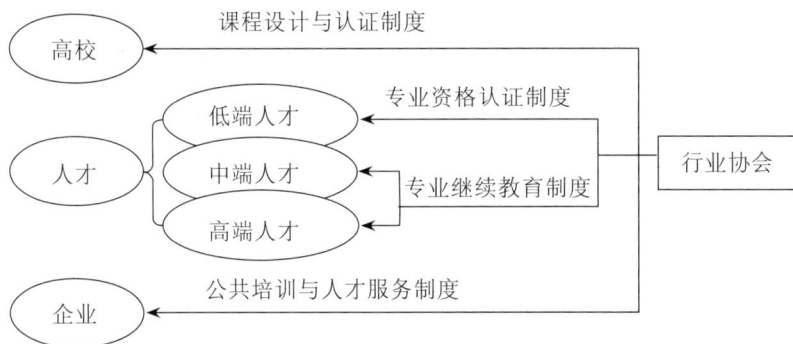

图 2-9　NASSCOM 的人才培养介入机制

①课程设计与认证制度

为引导国内教育界培养出合格的软件人才，NASSCOM 联合印度软件产业界提出了 NAC（NASSCOM 能力评估计划）。在印度联邦政府的支持下，该计划正在 Andhra、Pradesh、Rajasthan 和 Gujarat4 个州进行试点，并最终向印度全国推广，使之成为印度各大学和技术学校学生能够适应软件产业工作水平的标准。NAC 在软件知识测试基础上还增加了英语的听说读写、撰写报告和沟通能力的测试，重在全面评估参加测试者对已掌握知识的应用能力。NAC 不仅给国内软件企业提供了一个快速筛选人才的标准，为印度国内学校培养人才提供了方向，而且还在软件学界和业界搭建了一个很好的交流平台，为软件业内人士和人力资源专家共同解决软件产业发展所面临的人力资源瓶颈问题奠定了基础。①

②公共培训与人才服务制度

NASSCOM 在参与软件与服务外包高等教育的同时，还积极提供面向全社会及在职人员的公共培训项目，帮助企业及时了解行业技术咨询、人才市场状况、国际市场态势等。其主导设计并维护的 National Skill Registry for Employees（NSR 计划）是一个软件人才的公共数据库，通过基础指纹和照片来辨认从业人员，在与每个公司的协同下确认注册人员的信息，同时对数据进行严格的保护。该数据库记录了几乎印度所有软件公司职员的相关信息，包括教育背景、身体状况、曾经担任的职务及完成的项目、擅长的工作领域、雇主对其的评价等信息。由于软件行业的人员流动率要远远高于传统行业，NSR 计划的实施大大减少了公司招聘（尤其是中高端人才）的难度、时间及机会成本，而且对防止商业诈骗、保护知识产权起到了重要的作用②。

③人才专业认证与专业继续教育制度

NASSCOM 积极倡导行业企业与人才申请国际专业认证，安排专业人员为中小企业提供咨询服务解决认证的相关问题。目前实践上通过 CMM-4 以上认证的企业中，印度企业所占比例是最高的，超过 50%。人才在获得入行的"许可证"后，还要参加持续的职业提升计划，保持专业知识、技能的更新与加强，即继续教育制度（Continuing Professional Development，简称 CPD）。具体形式包括：专业会议、研讨班、讲座、培训课程、自学与非正式学习等，用终身学习的理念和方法去规划、管理职业发展。

以协会组织为代表的中间组织，目前在我国产业发展与人才培养中扮演的角色和发挥的作用都还十分有限。以中国软件行业协会（China Software Industry Association）为例，该协会成立于1984年9月，为民政部评估认定的3A级全国性行业协会。2011年，协会直属会员单位发展至1 000余家，加上分支机构的会员单位约有会员4 000余家，占当年软

① 祁鸣，李建军.NASSCOM 在印度软件产业发展中的作用［J］. 中国科技论坛，2007（10）：140-145.
② 祁鸣，李建军.NASSCOM 在印度软件产业发展中的作用［J］. 中国科技论坛，2007（10）：139-144.

件企业总数 22 788 家的比例不足 20%。而 NASSCOM 的会员企业占其软件企业总数的比例则高达 90% 以上。管理体制行政化、会员单位数量少，协会组织的公信力、影响力因而受到制约。为此，政府应鼓励战略性新兴产业内行业协会、专业协会等协会组织的组建与发展，并允许其遵循市场运行规律，为产业发展发挥协调、制衡的作用。

（3）终身学习的人力资源开发——英国模式

彼得·圣吉在《第五项修炼》中提出"学习型组织"的概念，之后，学习与发展就成为组织研究甚至社会研究领域的焦点论题。从国家层面看，建设学习型国家、学习型社会的呼声与实践也十分丰富，而其中最具代表性与成效的当属英国及其设计实施的"产业大学"（University for Industry）。产业大学并非传统意义上的大学，而是一个开放式的远程学习组织、全新的学习网络枢纽，是学习者与学习产品之间的一种中介机构[①]。产业大学一词最初由英国民间研究机构——"公共政策研究所"（the Institute for Public Policy）提出，后来成为英国学习型社会与终身学习政策中最重要的组成部分。1996 年，英国政府发表的《产业大学，创建全国学习网》报告书中提出应该创建学习时代的教育组织新方式；《英国的产业大学——使人人都参与终身学习》则是英国教育与就业部专门制定的有关产业大学的计划书，其中对产业大学作了全面而具体的规划；2000 年秋，产业大学正式开始业务运营。产业大学通过现代化的网络与通信技术向全社会提供高质量的学习产品与服务，其自身却不创造任何学习产品和服务，而是"通过吸收、利用公共和私营部门现有的信息资源、知识和专门技能，来充当一个精明的代理人"[②]。下面详细分析产业大学在宏观人力资源开发中的作用与价值。

①对接教育需求与教育供给

产业大学与各级各类的教育产品提供者合作，通过网络与信息技术将想学习的人与提供学习资源的组织连接起来，使得之前彼此分离的学

---

① 李娟，顾凤佳.英国产业大学在学习型社会建设中的角色及启示 [J]. 广州广播电视大学学报，2012（3）：5-9+110.
② 英国教育与就业部.英国的产业大学——使人人都参与终身学习 [J]. 教育研究参考，2000（15）：24.

习产品和服务的提供机构整合为一体①。产业大学始终关注广大民众的技能需求，同时吸收和利用各级各类学校教育机构、图书馆、俱乐部等地方学习中心以及各种私营机构的教育产品和服务，通过信息通信技术为不同地方的学习者提供灵活方便的学习支持。同时积极加强与政府、企业的合作，共同分析市场需求并及时调整决策和实施计划，如就业技能方面的缺陷、学习者对学习的态度、可以使用的合适资源的范围等。如今，产业大学在 Learndirect 网站上已经提供了大约 630 门不同类型、不同层次的课程，从基本的读写算技能到各种类型专业技能和商业管理一应俱全；还通过整合专业学习顾问资源、呼叫中心技术、包含近百万课程细节的数据库以及网络平台，建立了大规模的学习信息服务站，还针对占总数 22% 的少数民族咨询者，用八种少数民族语言提供咨询②。

②关注技能提升与资格认证

产业大学主要面向成人和职业群体，其启动经费由公共部门提供，运营过程中也接受来自私营部门的委托实施产品开发与销售进而获得收益。产业大学侧重个人学习与职业技能发展，所提供的课程大多匹配相应类型的资格证书，同时便于开展自主学习。学习者可以通过网站、求助热线或是学习中心的咨询人员与产业大学取得联系，通过登记详细的会员资格获得学习需求、学习机会与课程内容、学习形式的推荐与建议。产业大学不仅帮助学习者做出恰当的选择，而且提供长期、详尽的指导，给予学习过程中的监督、反馈，最后评定并颁发证书。至今，共有 300 多万名学习者完成了课程学习，50 多万人通过了生活技能测验，93% 的学习者认为学到了未来工作需要的技能，参加学习后学习者平均能够增加 2 240 英镑的收入，超过 3.4 万人获得了二级水平的资格证书，学习者的满意率达到 97%③。

③实现低成本、个性化的人力资源开发

在以往，中小企业由于规模小、资金实力弱、人才吸引与保留难度

① 洪明.英国终身学习的新变革——"产业大学"的理念与实践［J］.比较教育研究，2001（4）：18-22.
② 李娟，顾凤佳.英国产业大学在学习型社会建设中的角色及启示［J］.广州广播电视大学学报，2012（3）：5-9+110.
③ 李娟，顾凤佳.英国产业大学在学习型社会建设中的角色及启示［J］.广州广播电视大学学报，2012（3）：5-9+110.

大，因此在人力资源开发方面没有实力也没有兴趣。产业大学作为职业技能培训的公共服务平台已经为 6 000 多个大大小小的企业或组织提供了高性价比的培训服务，既满足了广大中小企业多样化的人力资源开发需求，又可以大大降低其投入成本。此外，实现课程资源整合与规模经济的产业大学也大大地满足了各种求职者个人发展的学习需求。2007—2008 年度，该组织规划了针对国家职业资格（NVQ）的课程，创建了课程包供企业员工开展短期学习，受到了企业的广泛欢迎，当年共售出超过 11 000 门电子课程。产业大学还与就业中心合作对待业人员进行职前培训，如 2008—2009 年度就有来自就业中心（Jobcentre Plus）的 4.6 万名学习者。

④无边界校园引领终身学习文化

产业大学并非传统大学，是借助网络信息技术构建的"虚拟校园"。该校园通过互联网平台渗透至所有的公众身边，联络其所有的学习机构与资源，成为一所"无边界大学"。产业大学作为平台，将各种教育培训机构实体、就业服务机构实体通过网络联结在一起，并且为学习者设计了便捷、互动性的学习方式，将无形课堂里的学员们通过虚拟空间集合在一起，通过移动通信技术与互联网络实现交流。"学习账户"的设计则通过物质手段激励学员学习，同时组织各种线下活动强化学员的参与与学习热情。

产业大学作为一种为个人学习提供服务的机构，其最大的价值就在于将各种教育资源的提供者、需求者、服务者相互衔接，组织成为一个更加完整、连贯而有效的整体，多元公共服务主体之间的沟通与互补更加容易实现，协同的结果是使教育的资源得到了最大限度的利用和开发。在我国，以广播电视大学为代表的远程继续教育也已运行多年，为数量众多的学习者提供了较传统校园学习更加灵活、便利的学习方式。但是，与产业大学相比，我们的远程开放教育一是行政色彩浓、与市场需求的距离远；二是资源投入有限、过分依赖国家投入而少有市场资本投入；三是企业参与少、服务产业的能力与规模效应不强；四是自身的宣传推广不足、未被社会及广大学习者普遍认可、市场影响力弱。英国的产业大学在理念、运行方式、技术平台设计、学员关系管理等方面给我们提供了参考，其践行的终身学习理念也同样值得效仿。

通过上述美国、印度、英国的宏观人力资源开发经验，无论是美国人力资源开发"自上而下"的政府行为、印度人力资源开发"中间桥梁"的协会组织行为，还是英国人力资源开发"结点成面"的网络教育组织行为，其成功的关键都在于建立了多主体参与的开发体系与平台，实现了多主体行为的协同，也进而满足了多主体的需求与目的的实现。这些成功经验的背后蕴含着人力资源开发多主体行为的理论机理，也是本书研究思路架构的基础与实践措施应用的参考。

2.4　本章小结

任何一项研究，都是"站在巨人肩膀上"开始的，借鉴与整理前人丰富的研究成果是研究的起点。本章对研究论题的基本概念、研究历程与实践发展进行了梳理与评析，旨在为研究工作的展开奠定基础。人力资源开发是一个新兴的跨学科研究领域，经济学中的人力资本理论、心理学中的学习理论以及系统理论是其研究与实践的基础理论。作为人力资源开发的对象，"人力资源"这一概念可以从人员观、素质观、能力观不同的角度理解，其与"人力资本"概念之间也具有差异之处。但伴随生产过程对劳动力要素的要求不断提高、劳动力队伍自身基础性开发活动的普及，人力资源在内涵要求上能更加全面、综合，在外延边界上与人力资本日益重合。作为人力资源开发的主体，组织内部的企业与个人、组织外部的其他组织、政府、大学以及产业中间组织，都发挥着重要的作用。现有研究及实践往往从单一主体、单一路径研究与设计人力资源开发，而人力资源开发多赢目的的实现需要组织内、组织外多方主体共同规划、实施、监督人力资源开发，只有这样才能保证各方利益的实现和协同发展。

3 人力资源开发多主体关系分析与行为博弈

3.1 视阈融合的哲学与方法论

3.1.1 视阈与视域

视阈，本作"视域（Horizont）"，指的是一个人的视力范围，因而它是一种与主体有关的能力①。人的视力范围是有限的：即使视域不为事物所阻挡，它的最大范围也就是天地相交的地方，即地平线；而"视域"又可以说是开放无限的，会随着主体的运动而延伸，因此对于主体来说"视域"的边界是永远无法达到的。因此，地平线是一个只能看到，而无法划定的边界。因此，"视域"的有限性与被感知的实在性有关，"视域"的无限性与未被感知的可能性有关。

而"视阈"一词则是一个被现象学及解释学哲学家们赋予了特殊哲

---

① 程中兴. 人机界面的认识论研究 [D]. 上海：东华大学，2005.

学意义的词，意指一个人的思维进行领会或理解的构架或视野。这个词被作为哲学概念运用时，这两层含义都被保留了下来。同时它的意义还得到了扩充。简单地说，哲学意义上的"视阈"不仅仅与生理-物理的"看"的范围有关，而且与精神的"观"的场所有关，因而作为哲学概念的视域似乎也可以译作"观场"①。在这个意义上，感知、想象、感受、直观、本质直观、判断等意识行为都具有自己的"视域"即视力范围。每个人作为一个历史的存在者都处于某个传统、文化及个体思想之中，并因此而居于某个视阈之中。一个视阈就是一个人眼中的生活世界，是带有个人主观色彩的世界，不可能有纯客观的、与人的特殊视域无关的理解。

在胡塞尔那里，直接直观的视域是出发点，而视阈是由内向外进行扩展的，由直接性达到间接性、由个体性达到普遍性。而加达默尔（Hans-Georg Gadamer）的观点则相反：普遍的、间接的视阈是更深一个层次的东西，直接直观的视域，即当下的视域是受间接视阈影响和制约的。在他看来，"没有过去，当下的视域是无法构成的。正如没有一个当下的视域是自为的一样，人们想要获得的那种自为的历史视域也不存在。理解始终是这些被误认为是自为存在的视阈的融合过程"②。当下的直观视域中包含着过去的、传统的间接视阈；而过去的直接视域中又隐含着过去的间接视阈，如此可以类推下去。因此，所有的直接视域其实都是多重视阈的融合，几乎没有可能将其剥离区分。加达默尔说："我们首先可以从较古的时代以及从它们对其自身和对其起源的素朴态度中认识到这种融合的力量。这种融合始终是在传统的支配下进行的。在传统的支配下，旧的东西和新的东西不再明显地相互区分，而是不断地结合成为活的效力。"③

3.1.2 视阈融合

传统的解释学循环为理解文本提供了方法论依据，认为从文本的整体着眼局部，再从局部着眼整体，便能正确理解文本。加达默尔将辩证

① 李益南.解释学视角下的建筑地域表达 [D]. 昆明：昆明理工大学，2011.
② 加达默尔.真理与方法 [M]. 洪汉鼎，译.上海：译文出版社，2004.
③ 加达默尔.真理与方法 [M]. 洪汉鼎，译.上海：译文出版社，2004.

法引入解释学，认为将理解者这一主体要素排除在解释循环之外的做法将导致"死循环"。既然所有的理解对象都是现在以及过去多重视阈内容的融合，理解者必须从多重背景、多层叠加的角度阐释理解对象。而理解者本身也是一个开放、多维度的存在，通过与理解对象的互动，理解者对自身的认知也不断加强。为了通达理解，作为主体的理解者必须不断改变自己的先入之见，倾听文本的不同声音，使理解者自身视阈与理解对象所处的视阈之间实现融合同意，才能真正理解文本的内涵。视阈融合是加达默尔的哲学解释学的中心概念，通过融合，解释者过去的特殊性和现在的特殊性都得到了克服，人在过去和现在的融合之中产生了新的视野，提升了自身，获得了更高层次上的普遍性。视阈融合消除了主体和客体的二元对立性，揭示了它们的内在统一性①。

视阈融合是以视阈的"差异"为前提的，而差异是由历史或时间距离所造成的。距离造成了视阈上的差异，有差异就会有融合，融合最终体现在一种效果历史中，而效果历史意识之"效果"无非是视阈的差异通过融合所产生的"效应"或"作用"，这种"效应"与"作用"永远是"历史"的②。同时，视阈融合亦非一成不变，而是动态发展的。视阈作为理解的起点、角度、立场和可能的前景不是封闭的，主体总是不断扩大自己的原有的视阈，理解的实现就是两种不同视阈的融合，而融合的结果又会形成一种新的视阈，成为新一轮理解的出发点。正如加达默尔所说，"这种自身移置既不是一个个体对别一个个体的同感，也不是用自身的标准来使他人服从于自己，而是始终意味着向一个更高的普遍性的上升，这种普遍性不仅克服了自身的局限性，而且克服了他人的局限性"③。这个过程实现了历史与现在、客体与主体、自我与他者的辩证统一④。

3.1.3 视阈融合下的人力资源开发

加达默尔汲取了20世纪以来在语言学、心理学、史学理论上的新

---

① 刘开会.加达默尔解释学中的辩证法 [J].兰州大学学报，1996（1）：75-80.
② 何卫平.试析加达默尔效果历史原则的辩证结构 [J].湖北大学学报（哲学社会科学版），1998（1）：42-47.
③ 加达默尔.真理与方法 [M].洪汉鼎，译.上海：译文出版社，2004.
④ 任志安.理解与历史：加达默尔的真理观 [J].黑龙江社会科学，2006（6）：69-72.

观点，对近代自然科学研究中的经验主义、实证主义方法论加以辩证分析，把"观察实验、理性推理、建立客观事实之间'规律'的自然科学思维模式置换为通过对话、阐释而实现的人类历史的理解过程"①。加达默尔认为，历史以及其他人文研究是一种主体与客体的关系，或是"互为主体"的关系，而不是自然科学中的"主客体关系"。"（人类科学）研究的题目与范畴实际上由研究的动机组成。因此历史的研究是基于历史运动之上的，生命自身立于其中，不能目的论地理解为对客体对象的探索。这种客体对象自身根本不存在。这是人类科学与自然科学的分界线"②。人力资源开发的学科合法性虽然尚在探讨之中，但是人力资源开发理论与实践研究的合法性已经得到公认。人力资源开发作为社会科学的研究领域之一，其研究对象——人力资源，是具有个性特质、主观能动、情感偏好及追求自我实现的"活生生"的主体，因而对他/他们的研究应当使用加达默尔的视阈融合观点与方法。

（1）主体与客体的视阈融合

人力资源开发的主体是人力资本的投资方，其投资对象即人力资源开发的客体——人力资源，即劳动者。这一投资的最终目的是提升组织绩效，但此投资并不直接带来绩效的变化，而是经由劳动者知识（Knowledge）、技能（Skills）、能力（Abilities）的变化所产生的工作行为（Behaviors）改变实现的，这期间还会受到劳动者个体的动机、个性、态度等中介因素（Intervening Variables）的影响。图3-1表述了这一过程。该过程中，人力资源开发客体有自身的主动性、创造性，其群体特点对人力资源开发的实施与效果实现有根本影响。因此，人力资源开发主体必须考虑客体的特征、需求，才能科学有效地设计与实施人力资源开发活动，达到改变工作行为的效果，最终实现提升组织绩效的目的。劳动者个体在决定自己是否配合组织的人力资源开发、是否由自己来实施开发活动时，也将秉承"经济人"的分析框架，考虑投入产出的效益，谋求收益的最大化。基于此，人力资源开发的主体、客体都是思维理性、主观能动的，而单独从自己一方的利益、目的分析人力资源开

① 刘康.从胡适的方法论说到加达默尔的阐释学 [J].读书，1987（12）：128-133.
② 加达默尔.真理与方法 [M].洪汉鼎，译.上海：译文出版社，2004.

发问题容易导致集体非理性的决策行为结果。因此主体和客体应该通过视阈融合将问题分析得更加透彻，才能提高决策的科学性。

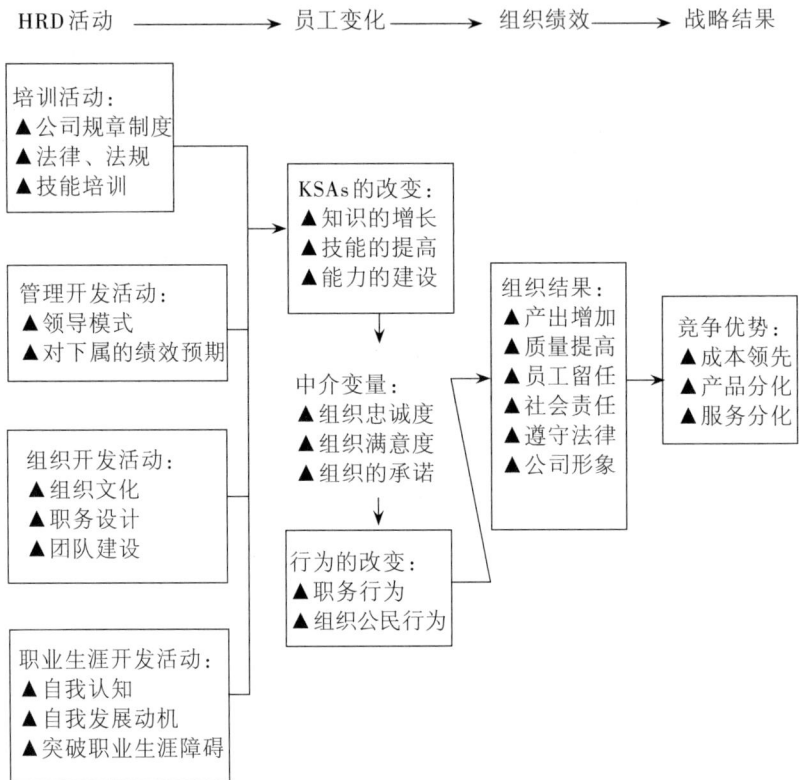

HRD活动 ⟶ 员工变化 ⟶ 组织绩效 ⟶ 战略结果

培训活动：
▲公司规章制度
▲法律、法规
▲技能培训

管理开发活动：
▲领导模式
▲对下属的绩效预期

组织开发活动：
▲组织文化
▲职务设计
▲团队建设

职业生涯开发活动：
▲自我认知
▲自我发展动机
▲突破职业生涯障碍

KSAs的改变：
▲知识的增长
▲技能的提高
▲能力的建设

中介变量：
▲组织忠诚度
▲组织满意度
▲组织的承诺

行为的改变：
▲职务行为
▲组织公民行为

组织结果：
▲产出增加
▲质量提高
▲员工留任
▲社会责任
▲遵守法律
▲公司形象

竞争优势：
▲成本领先
▲产品分化
▲服务分化

图 3-1　组织内人力资源开发的实现过程

资料来源：谢晋宇.人力资源开发概论［M］.北京：清华大学出版社，2005：36.

（2）多主体之间的视阈融合

传统的人力资源开发活动仅限于工作场所的学习，因而主要的开发主体为企业。如今，政府、大学等企业外部的宏观开发主体在人力资源开发中的地位和作用愈发显著，尤其是在新兴国家的新兴产业培育过程中。作为拥有各自职责、各自目标的社会组织，人力资源开发的不同主体也怀抱不同的目的制定自己的决策。企业的目的是自身经营过程的利益最大化、大学的目的是教育过程的利益最大化、政府的目的是社会效益的最大化，三者叠加形成一个复杂的动态系统，必须从整体把握才能保证整个系统的运行方式与结果最优。现实中人力资源开发的多个主体之间呈现出"网络组织"的特征，需要多主体之间实现视阈融合，通过多方的沟通谈判、合作制约，达到协同一致的效果，见表3-1。

表3-1   网络组织、科层组织和市场组织的比较

	科层组织	市场组织	网络组织
目的	优先满足中央利益	提供交易场所	合作者的利益优先
冲突解决	权威、行政命令	市场规范、法律	关系型合约、协商、谈判
边界	刚性的、静态联结	离散的、一次性联结	柔性的、动态联结
信用	低	低	中等偏高
运作基础	权威、权力	价格机制	信任、认同
决策轨迹	自上而下	及时、完全自主	共同参与或协商、接近行动地点
激励	低，预先确定过程和产出	高度强调销售额或市场	较高、业绩导向；利益来自多重交易

资料来源：李维安.网络治理——组织发展的新趋势［M］. 北京：经济科学出版社，2003：45-46.

3.2 人力资源开发多主体关系分析

人力资源开发的主体与客体、多元主体之间彼此独立而又相互联系，视阈融合的方法论要求用整体性、融合的视角来分析人力资源开发问题。融合的视角并不是平均的视角，分析多元主体之间的关系模式对于研究主体的互动行为是十分必要的。本节从多元主体关系的一般模式入手，对人力资源开发的多主体之间关系模式进行探讨，并论述了一体化关系模型的构建意义。

3.2.1 多主体关系模式的类型确定

在公司治理、社会治理的研究中，从单一主体拓展至多元主体参与已经是被普遍认同的观点。多元主体之间的关系模式是分析其互动行为

的基础条件，而随着社会、经济、技术的发展，多元主体关系也由"进化论"式的竞争、依赖关系转向协作、共赢。

（1）主体关系的基本模式

多主体关系建立在双主体关系的基础上，因此主体关系的基本模式也从双主体开始分析。根据主体间合作与竞争的程度水平，其相互关系可分为回避、竞争、依赖、协作四种模式（如图3-2所示）。回避模式下，主体之间相互隔离而尽量不发生互动关系，各自完全独立地运行互不干扰。竞争模式下，主体间为了各自目标的实现而争夺资源，"优胜劣汰""此消彼长"为该模式的运行结果，每一主体为谋求自身的生存与发展都力求将对方置于死地。依赖模式下，多主体处于共生状态，但彼此之间的付出与收益并不均衡，有些主体贡献过多而有些主体"搭便车"，一旦关系破裂则整个系统濒临崩溃。协作模式下，各方主体均积极参与合作、各自贡献力量，实现优势互补与内部协同，从而实现系统的整体优化和进步。人力资源开发的主体之间，也会出现这四种不同的关系状态。如何将处于回避、竞争与依赖模式下的主体关系转化为协作模式，是提升人力资源开发质量与效率的关键所在。

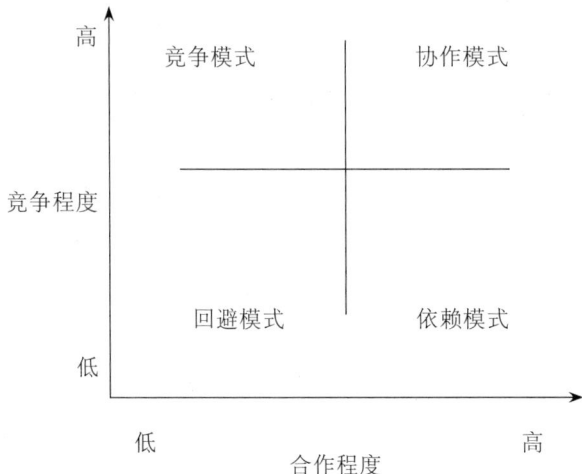

图3-2　主体关系的四种基本模式

（2）人力资源开发的多主体关系模式

人力资源开发的主体包括宏观主体与微观主体两大类型，宏观主体主要是政府与大学、微观主体主要是企业与个人。由于政府掌握宏观管理的公共权力与资源，因此其在多元主体中的地位与其他主体不同，这一点在中国情境下更为显著。政府所实施的人力资源开发具有公共物品的性质，虽然政府不是该产品的单一提供主体，但是其在整个体系中的主导地位还是非常明显的。在中国，大学的资金支持主要来自于政府、劳动力市场的建立与监督也主要由政府承担、政策环境与物质环境的建设也由政府掌握主导甚至决策权力。因此，我国的人力资源开发多主体关系，首先是由政府引导的多主体关系，政府主要通过政策支持、资金投入、监督规范等手段对大学、企业等主体进行激励、管理与约束。而大学和企业则处在相对平等的地位上，其中企业是独立的、市场化的社会组织，行为的决策标准是自身利益的最大化；而大学（尤其是中国的优秀大学，如"211"院校）是承担社会责任的公共组织，行为的决策标准要考虑社会目标的实现。在我国，由于大学的这种组织特性使得其与企业的关系经常处于"回避模式"下，彼此隔离，而这对人力资源开发的过程衔接与整体目的实现是非常不利的。

随着公共管理的改革与政府职能的转变，我国政府的职能角色也发生了改变。服务型政府的建设，旨在将政府的公共权力适度削减，鼓励市场和非营利组织以市场的方式参与公共物品的提供。经过这样的改变，政府与大学、企业之间就转变为平等协商、互利共赢、协同合作的关系模式。而大学也可以更多地参与市场活动，以独立、市场主体化的角色参与到与企业的合作关系之中。图3-3显示了宏观人力资源开发主体与微观人力资源开发主体之间的职能分配关系。企业代表的微观开发主体的主要职责在于人力资源的招聘、培训、激励、使用等开发作用的发挥，而政府代表的宏观开发主体的职责则在于教育、流动、服务、奖励、评价等职能。两层面之间并不隔离，而是相互支持与配合，虚线显示的就是各主体之间的职能协作的路径，如宏观教育、服务机制和微观的招聘、培训机制相互配合。但这种关系模式的设计是理论化、理想化的，主体之间实际的行为关系到底如何，后文将通过博弈分析的方法进行细致探讨。

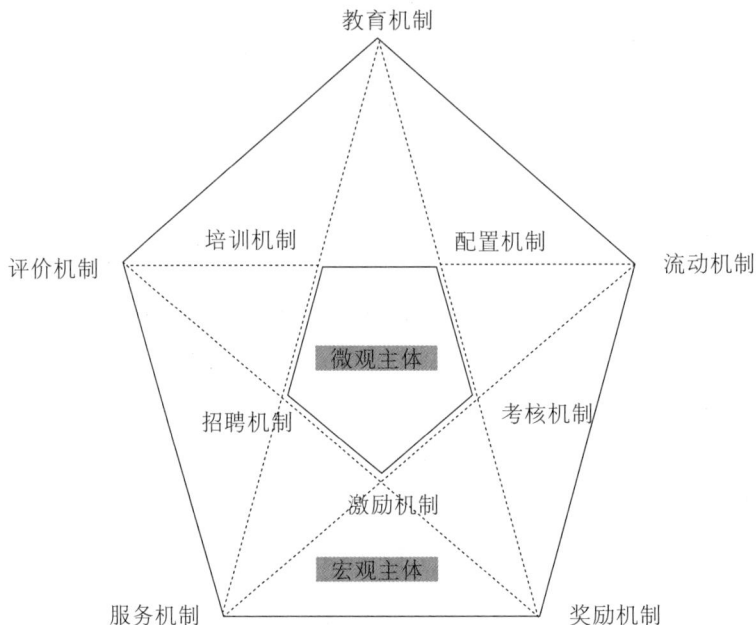

图 3-3　人力资源开发机制的主体协同关系

3.2.2　多主体关系模式的特征分析

从以政府为中心的宏观人力资源开发,到以企业为中心的微观人力资源开发,都是单一主体、单一中心的运行模式,而多主体共同参与的多主体、多中心模式能够更好地实现人力资源开发目的。该关系模式的特征分析如下:

(1)主体能力与责任的匹配

多主体关系的建立是通过多主体之间力量的制衡实现的,因此多元主体的协同关系就依仗于各方主体之间能力的可比性。政府的权力应该适当削减与分摊,而大学、非营利组织的力量应该得到加强。同时,要相信各个主体行为选择的理性水平,相信市场机制的资源配置能力,当然也要设计科学的运行规则,督促与能力向匹配的责任担当。

(2)主体间平等、独立的关系

多主体协同关系的实现需要通过平等的协商才能实现,因此,该体系中的主体应该是彼此独立、地位平等的。政府作为政治体系的中心、企业作为市场经济体系的中心，都只是这个多主体、多中心系统中的构成部分，多方参与、共同协商，才能实现整个系统的优化。相互之间在行政、资金上的依存关系应尽可能弱化，合作互补的关系应该强化，这样才能使各个主体独立的作出合作决策。

（3）多主体的目标协调

每个主体都有各自的目标，而只关注单一的目标就会形成局限与短视。多主体协调的关系模式将系统整体的目标置于单个主体的目标之上，在更高的平台上看待主体之间的目标冲突、寻求解决方案，并使用契约形式将各方的权利利益与惩罚机制明确、规范下来。彼此在合作中扬长避短，从而实现单个主体所无法实现的更优目标。

通过上述人力资源开发多主体关系的现状与发展趋势，可以看出从多主体协同视角设计人力资源开发体系的价值与必要性，而设计该体系必须先厘清主体之间的形成关系模式的行为过程。因此，下文将采用博弈研究的方法对主体间行为进行探讨。但考虑到目前的状况，政府与大学、企业之间的地位并不平等，因此在讨论三者关系的时候将其设定为政府主导下的三方关系。

3.3 人力资源开发多主体行为博弈

人力资源开发的直接成果表现为劳动者素质及技能的提高，进而实施于工作过程之中，最终表现为个人发展、组织绩效提升。而鉴于人力资源开发实施的组织层面主体又具有多元性，包括企业、政府（包括宏观政策、高等教育投入等）在内的多个主体都参与到人力资源开发的投资过程中来，并且每个层面上又有多个主体。所以，人力资源开发的主体构成就形成了一个复杂的多层次、多主体的体系。各层次之间以及各层次内的主体之间如何协调，就成为开展与评价人力资源开发的重要问题。本部分先从两主体关系入手使用主体建模的方法对同类型组织间及组织内的博弈行为进行分析，在此基础上引入组织外部的其他主体类型进行三方主体的博弈分析，以寻求其互动机制与决策机理。

3.3.1 组织主体之间的博弈

人力资源开发所形成的劳动者技能附着于劳动者身上,能够随着劳动者的流动而发生转移。按照人力资本理论,包括培训、教育在内的人力资源开发活动都属于人力资本投资行为,但是这种投资形式的投资主体对于投资收益并没有产权权利,因此投资收益也并不能确保由投资者获得。企业作为营利性组织,作为劳动者技能转化为绩效的承载平台,也是人力资源开发活动的重要主体。但同一层次内的企业之间存在竞争关系,而劳动者的自由流动使得企业对该投资行为的风险极度担忧,尤其是势单力薄的中小企业,进而不愿意实施包括培训在内的人力资源开发活动。下面的博弈分析论证了该过程。

假设两个企业,分别为 A 与 B,同时决定是否出资培训。每个企业面临的都是 0-1 决策,即出资($I_{A/B}=1$)或不出资($I_{A/B}=0$),投资成本为 $C_{A/B}$。基于劳动者技能的可转移性,只要有一方出资,双方都可得到收益($R_{A/B}=1$),假定为 1 单位;如果都无出资,双方的收益都为 0。该博弈的支付矩阵见表 3-2。

表 3-2 企业间博弈的支付矩阵

		A 公司	
		出资	不出资
B 公司	出资	$1-C_A$, $1-C_B$	$1-C_A$, 1
	不出资	1, $1-C_B$	0, 0

博弈的双方为具有竞争关系的企业,不同企业对于劳动者的吸引力是不同的。假设具有吸引力的企业对经过培训的劳动者有较大的吸引力进而能够留住员工,而不具有吸引力的企业则一定留不住经过培训的劳动者。则博弈情况分为三种,以下分别讨论:

(1)当参与人是两个具有吸引力的企业时

此时企业实施人力资源开发后都能留住劳动者,培训对双方而言都是直接受益的。这个博弈是一个"斗鸡博弈",有两个纳什均衡,即($1-C_A$, 1)和(1, $1-C_B$)。即一个企业出资,另一个企业就不出资,各自独享各自的投资收益。在现实中,如果两家企业都对同一名劳动者实施同样的培训，那么就会出现资源浪费；如果两家企业分别实施不同的培训，就是所谓专用技能的"特殊培训"，将有利于自身企业的发展；但如果两家企业都错误地认为对方会培训，那么就得不到纳什均衡了。为了避免糟糕的情况发生，有吸引力的大企业往往在人力资源开发活动上不遗余力。

（2）当参与人是两个吸引力不同的企业时

假设 A 公司具有吸引力，而 B 公司不具有吸引力。则 B 公司的出资会由于劳动者的流出而收益为 0。此博弈成为一个"智猪博弈"，无论 A 公司选择出资或不出资，B 公司的最佳选择都是不出资。纳什均衡为（1-C_A，1），即 A 公司选择出资而 B 公司不出资。此时 A 公司就成为市场上技能劳动者的唯一提供者，而 B 公司则寄希望于通过物质利益等方式实现劳动者在本企业的短暂驻足。B 公司这种"挖墙脚"的方式损害了 A 公司的利益，自然也可能削弱其进行人力资源开发的积极性。

（3）当参与人是两个不具有吸引力的企业时

此时博弈是一个"囚徒困境"的博弈，纳什均衡为（0，0），即双方都不会出资，只是希望直接使用现成的已经接受培训的劳动者。此类企业在行业中处于劣势，自身实力尚弱，很难留住人才，也因此丧失了投资于人的积极性。即使能够获得"过路"人才，也不过只是一个跳板而已。这样的企业不得不将大量的精力、财力投入到招聘工作中，或是录用不太胜任的求职者。

综上，由于人力资源开发这种投资不同于物质资本的投资，企业不能确定其收益是否能够归属自身所有，因此除了那些在行业中拥有绝对实力、对人才有绝对吸引力的优势企业外，对自身情况判断模糊的企业则会选择不投资的方式来避免现实的风险，而将收益寄托于直接获得胜任的劳动者。后者必将在劳动力市场上不遗余力，进而推高劳动力价格，而实施培训的公司将面临人才吸引力的降低和劳动成本的提高，其人力资源开发的投资收益就这样被冲抵了。最终，原先实施投资的企业也将降低投资意愿，进而造成全行业的人力资源开发危机。

3.3.2　组织内主体之间的博弈

组织内博弈的双方为企业（A）和个人（B），由于劳动者个人的特质与行为会导致企业人力资源开发投资收益的转移，因此分三种情况对两者的博弈结果进行讨论。

（1）当个人接受企业出资培训后一定留在原企业时

培训对双方而言都是直接受益的，这个博弈是一个"斗鸡博弈"，有两个纳什均衡即（$1-C_A$，1）和（1，$1-C_B$）。即一方出资，另一方就不出资。现实的情况是，如果双方都认为责任归属于对方，那么都将坐等对方出资，结果是没人愿意出资；也可能双方都认为有出资的责任，那么则可能出现协商合作，进而实现双赢。

（2）当个人接受企业出资培训后一定离开原企业时

企业的投资风险极大，此博弈成为一个"智猪博弈"，无论个人出资或不出资，企业的最佳选择都是不出资。纳什均衡为（1，$1-C_B$）。即企业不出资，而求职者自己出资进行培训。此时的人力资源开发活动完全取决于个人，而个人的投资欲望则取决于预期的薪酬增长等市场回报。

（3）当个人接受企业出资培训后仍然不符合企业要求时

此时的博弈是一个"囚徒困境"的博弈，纳什均衡为（0，0），即无论企业还是个人都没有出资积极性，双方都不出资。这样的情况可能是由于个体特质的局限，不具备能够胜任的潜力，这样的个体不会在该行业中长期驻留。

综上，个人与组织都是理性的，对于风险较大的投资行为都持有规避心理。对于一般通用性技能，企业不愿意实施开发行为，而要求只有具备这些技能的个人才符合入职的基本条件。这就要求个体为这些通用性技能的学习进行投资。但是个体对投资后是否能够如愿找到工作并不确定，因此也有很大的观望、犹豫成分。这就需要第三方——政府、教育机构、行业协会等——分担部分投资成本，消减风险，进而保证行业人才队伍的基本供应。

3.3.3　组织外主体之间的博弈

在人力资源开发的主体中，个人（家庭）的决策往往由于情感因素而具有非理性成分。而政府、高校、企业作为有明确组织目标、受到公开监督的社会组织，其人力资源开发行为更符合"理性人"的主体假设，其人力资源开发投资决策也受到相互之间行为预期判断的影响，因而构成多主体的博弈状况。那么，作为追求各自利益诉求的理性主体，其决策行为会有哪些选择？这些企业组织及组织外的主体能否实现协调一致、互利共赢呢？本书尝试使用简化的多主体博弈模型进行分析。

假设此博弈过程中只有企业 A、高校 B、政府 C 各一家参与，依照行政管理层次，企业 A 与高校 B 处于同一层次，受到政府 C 宏观政策的监管。三个博弈方（A、B、C）各有两个对策选择，政府 C 可选择实施政策调控（z）和不实施政策调控（1-z），企业 A 可以选择贯彻政策要求（1-x）和不贯彻政策要求（x），高校 B 也可以选择贯彻政策要求（1-y）和不贯彻政策要求（y）。表 3-3 和表 3-4 分别表示了上述两种情况的收益矩阵，描述了这个三方博弈。

表 3-3　　　　当政府 C 选择实施调控（z）时——收益矩阵 1

		高校 B	
		不贯彻（y）	贯彻（1-y）
企业 A	不贯彻（x）	(a, a', a'')　(b, b', b'')	
	贯彻（1-x）	(c, c', c'')　(d, d', d'')	

表 3-4　　　　当政府 C 选择不实施调控（1-z）时——收益矩阵 2

		高校 B	
		不贯彻（y）	贯彻（1-y）
企业 A	不贯彻（x）	(h, h', h'')　(I, I', I'')	
	贯彻（1-x）	(J, J', J'')　(k, k', k'')	

根据博弈理论，假设 A、B、C 都认为自己的策略选择之间无差异，追求自身利益最大化的安全策略，这样就形成了以下三方博弈的纳什均衡。代表方程式如下：

$$\begin{cases} E_1^{(A)} = \sum_{\delta_B=1}^{2} \sum_{\delta_C=1}^{2} U_{1i}^{(A)} \times x_{\delta_B}^{(B)} \times x_{\delta_C}^{(C)} = E_2^{(A)} = \sum_{\delta_B=1}^{2} \sum_{\delta_C=1}^{2} U_{2i}^{(A)} \times x_{\delta_B}^{(B)} \times x_{\delta_C}^{(C)} \\ E_1^{(B)} = \sum_{\delta_A=1}^{2} \sum_{\delta_C=1}^{2} U_{1i}^{(B)} \times x_{\delta_A}^{(A)} \times x_{\delta_C}^{(C)} = E_2^{(B)} = \sum_{\delta_A=1}^{2} \sum_{\delta_C=1}^{2} U_{2i}^{(B)} \times x_{\delta_A}^{(A)} \times x_{\delta_C}^{(C)} \\ E_1^{(C)} = \sum_{\delta_A=1}^{2} \sum_{\delta_B=1}^{2} U_{1i}^{(C)} \times x_{\delta_A}^{(A)} \times x_{\delta_B}^{(B)} = E_2^{(C)} = \sum_{\delta_A=1}^{2} \sum_{\delta_B=1}^{2} U_{2i}^{(C)} \times x_{\delta_A}^{(A)} \times x_{\delta_B}^{(B)} \end{cases}$$

给定一组收益矩阵数值，就可以利用方程组求解 $(x_*^{(A)}, x_*^{(B)}, x_*^{(C)})$ 和 $(u_*^{(A)}, u_*^{(B)}, u_*^{(C)})$ [1]。

如博弈方愿意彼此合作，则有规划：

$$\max g \, (u^{(A)}, u^{(B)}, u^{(C)})$$

$$= \max \, (u^{(A)} - u_*^{(A)}) \, (u^{(B)} - u_*^{(B)}) \, (u^{(C)} - u_*^{(C)})$$

$$s.t. \begin{cases} (u^{(A)}, u^{(B)}, u^{(C)}) \in 最小凸胞腔S \\ u^{(A)} \geqslant u_*^{(A)} \\ u^{(B)} \geqslant u_*^{(B)} \\ u^{(C)} \geqslant u_*^{(C)} \end{cases}$$

规划的解，即为合作博弈的谈判解 $(\overline{u^{(A)}}, \overline{u^{(B)}}, \overline{u^{(C)}})$ [2]。

试模拟一组数值进行计算。当所模拟的收益矩阵如下时

$$\begin{bmatrix} (5,0,0) & (5,0,0) \\ (5,0,0) & (6,2,0) \end{bmatrix}, \begin{bmatrix} (5,0,0) & (5,1,1) \\ (6,0,1) & (7,2,1) \end{bmatrix}$$

可以利用如上方法求解多主体博弈的冯·诺伊曼和摩根斯坦稳定集 $(u_*^{(A)}, u_*^{(B)}, u_*^{(C)})$ 和合作博弈的谈判解 $(\overline{u^{(A)}}, \overline{u^{(B)}}, \overline{u^{(C)}})$。策略集 $(x_*^{(A)}, x_*^{(B)}, x_*^{(C)})$ 为

$$\begin{cases} x = 1 \\ y = 1 \\ z = 1 \end{cases} 或 \begin{cases} x = -\dfrac{8}{3} \\ y = -\dfrac{3}{8} \\ z = -\dfrac{5}{3} \end{cases} (与实际不符，舍去)$$

及三方在自由博弈的时候，均衡点为不合作策略，这时的收益组合 $(u_*^{(A)}, u_*^{(B)}, u_*^{(C)}) = (5, 0, 0)$，各方的福利水平是比较低的。

当彼此愿意合作时，收益情况就会改变。而如果三方合作，那么规划为：

---

① 张道武.基于我国企业核心能力提升背景的合作创新若干机制研究［D］.合肥：中国科技大学，2004：60-98.
② 诺伊曼，摩根斯坦.博弈论与经济行为［M］.王宇，王文玉，译.上海：三联书店，2004：46-68.

$$\max \left(u^{(A)}-u_{*}^{(A)}\right)\left(u^{(B)}-u_{*}^{(B)}\right)\left(u^{(C)}-u_{*}^{(C)}\right)=\left(u^{(A)}-5\right)\times u^{(B)}\times u^{(C)}$$

$$s.t.\begin{cases}\left(u^{(A)},u^{(B)},u^{(C)}\right)\in 最小凸胞腔 S\\ u^{(A)}\geq 5\\ u^{(B)}\geq 0\\ u^{(C)}\geq 0\end{cases}$$

谈判解为 $\left(\overline{u^{(A)}},\overline{u^{(B)}},\overline{u^{(C)}}\right)=(7,2,1)$，可行域中包括实现两两合作的（5，0，0）、（5，1，1）、（6，0，1）以及（7，2，1）。当三方合作实现时，达到最高收益的均衡点（7，2，1）[①]。

尽管上述分析简化了现实中的情景，比如政府对高校与企业的管理强制力、政府实施人力资源开发行为的社会责任义务、中小企业及普通劳动者对人力资源开发的参与与需求等。但考虑到政府、高校、企业是三个最重要的人力资源开发主体，且各自的运作越发规范与符合市场机制，因此此简化分析模型对于解释现实中的现象还是有所裨益的。

3.4 本章小结

作为社会科学研究领域的人力资源开发，其开发对象与开发主体都具有主观能动性，具有各自的价值取向与追求目标。以视阈融合的方法论哲学思考和分析多主体、多层次、互动性的人力资源开发问题，能够实现主客体及多主体之间的辩证统一。通过对人力资源开发的两两主体及三方主体之间的博弈分析，得出：企业、高校、政府作为独立主体在进行自由博弈行为的人力资源开发投资时，各方的收益较低，整体的收益也较低；当其中两个主体愿意合作时，收益情况对双方都有改善，整体收益也有提高；而当三方合作形成时，各主体及整体的收益水平都达到最大。现实中的情况是，很多地方政府在人才引进、人才培养方面投入巨资，但是企业及其他配套部门的管理水平、匹配程度不足，结果导致人才留不住或是不符合需求，浪费了政府的投入；也存在各方之间的重复投资、盲目开发，导致低效率、高成本。理论分析的结果与现实情况基本吻合。

---

① 张道武，吴劲松.科学发展观贯彻落实中多主体行为博弈建模研究［J］.运筹与管理，2008（2）.

　　因此，合作是实现帕累托最优的路径。那么如何实现合作呢？可供选择的方法有：其一，通过利益引导激励各方主体参与合作；其二，通过有效沟通加强信息透明度，拓展谈判协商空间；其三，通过规范、监督或惩罚机制约束各方主体的自利、搭便车行为。下章将从动态演进的角度对三方合作的实现路径及影响因素进行更为准确的探讨。

4 人力资源开发多主体协同演化模型构建

4.1 三螺旋理论与应用述评

三螺旋（Triple Helix）结构是由鲍林（Linus Pauling）和科里（Robert B.Corey）在 1953 年提出的一种 DNA 分子结构假设，认为 DNA 是由三个链组成的，像一根缠在一起的绳子。后来，该假设被华生（James Watson）和克里克（Francis Crick）的 DNA 双螺旋结构推翻，后者被认定为 DNA 的正确结构，而华生和克里克也凭此荣获了诺贝尔奖。相比于双螺旋结构的稳定性，三螺旋结构包含着各种类型的复杂与混乱，虽不理想但却与微观及宏观世界中很多复杂系统的状况相似。亨利·埃茨科威茨（Henry Etzkowitz）和勒特·雷德斯道夫（Leot Leydesdorff）则借用该模式分析大学-产业-政府之间的关系，提出了协同创新的三螺旋模式。大学、产业、政府同样作为人力资源开发的三大主体，其协同关系也可用该模型表达和分析。

4.1.1　三螺旋理论的概念结构

埃茨科威茨是美国纽约州立大学普切斯（Purchase）分校社会科学部的科学政策研究人员，雷德斯多夫是荷兰阿姆斯特丹大学科学与技术动力学习研究人员。前者首先提出了三螺旋理论，之后两人合作在1995年出版专著《大学和全球知识经济：大学–产业–政府关系的三螺旋》并于同年在 EASST Review 第14期上发表论文"三螺旋——大学、产业、政府关系：以知识为基础的经济发展实验室"，标志着三螺旋理论的诞生[①]。三螺旋理论是继伦德维尔（Lundvall）和内尔森（Nelson）提出国家创新系统和区域创新系统之后又一个创新战略理论模型，重点在于研究政府、大学与产业三者之间的相互影响、相互促进的关系，讲求的是一种"三位一体的和谐发展模式"[②]。

（1）三螺旋模式的理想模型

现实的产业经济活动中，以往相对分离的三个主体——代表学术界的大学、代表产业界的企业、代表行政部门的政府——之间的交叉、协调与合作行为越来越多。特别是在自由资本主义国家中，三者日益交叉在一起发挥作用，这种复杂的行为模式只有用三螺旋结构才能涵盖。三者之间的关系不是一成不变的，而是受到社会制度背景、经济发展阶段等因素的影响与制约。埃茨科威茨认为，政府、大学、产业三者将通过部门间的某种吸引力或通过一些外力不断地靠近，最终达到一种均衡状态，如图4-1所示。

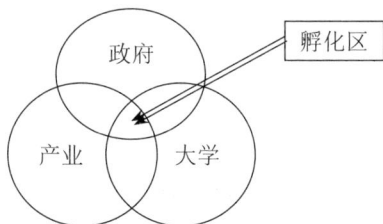

图4-1　理想的三螺旋模式图

① 方卫华.创新研究的三螺旋模型：概念、结构和公共政策含义［J］.自然辩证法研究，2003（11）：70-73+79.
② 王琴梅，张勇.中国"用工荒"和"就业难"矛盾探索——基于三螺旋模式的分析［J］.经济与管理，2011，25（8）：83-87.

政府、大学与产业三者有各自独立的区域，即各自的使命；三者之间又存在着一个共同的交集，即孵化区。孵化区位于三螺旋的中心，既是联系的纽带，又是协调的中介。具体看来，构成三螺旋的三个链条分别为：由地方或区域政府及其机构组成的行政链；由相互之间以垂直或水平方式联系的企业及企业间组织构成的产业链；由研究和学术机构组成的技术-科学链。就整体运行效率而言，各方主体之间的均衡与同步是非常重要的。如果其中一根或两根链条相对薄弱，那么相互之间的协作与平衡就很难实现了。

（2）制度背景与三螺旋模式

三螺旋理论将政府作为螺旋链条之一，而国家制度之间的差异使得螺旋系统的结构也不完全相同。鉴于此，该理论将三螺旋结构区分为三种不同的类型。

第一类为"国家社会主义模式（Etatistic Model）"，在这种结构中产业与大学被纳入政府之中，两者之间的关系也在政府的控制之下，如图4-2所示。此模式被称为"三螺旋1"，一般被认为是一种失败的发展模式，产业与大学缺乏主动性，因此创新活动被阻碍。

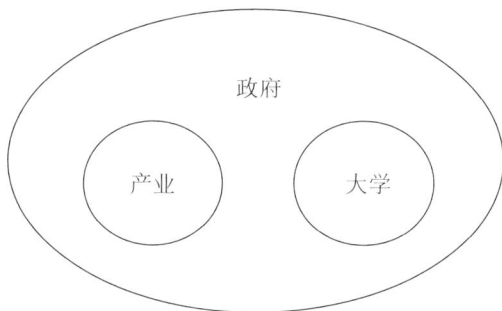

图4-2　三螺旋1模式图

第二类为"自由放任模式（Laissez-faire Model）"，该结构中政府、产业与大学三者之间有清晰明确的边界，相互独立、分离，如图4-3所示。此模式被称为"三螺旋2"，突出特点即为自由放任，但也会由于缺乏协同因而低效、浪费。

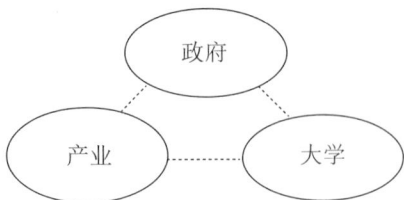

图4-3　三螺旋2模式图

第三类为"重叠模式（Over-lapping Model）"，也就是前面提到的理想模式，政府、产业和大学在拥有各自独立功能的同时还出现了重叠与交集，如图4-4所示。此模式也被称为"三螺旋3"，三者之间的互动、交叉、重叠构成了知识经济的基础和动力源泉（Etzkowitz、Leydesdorff，2000），其良性互动已成为驱动科技进步和经济发展的区域创新三螺旋（周春彦、Etzkowitz，2008）。边界模糊的交集部分则形成混合组织，如大学衍生公司、科技园、孵化器、战略联盟、政府实验室等机构，这些机构在知识创造与传递转移中发挥日益显著的作用[①]。

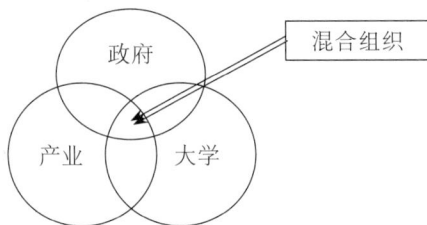

图4-4　三螺旋3模式图

目前，三螺旋理论已经得到学术及实践领域的共同认可，并将其应用于知识管理、创新研究的诸多问题中。第一次三螺旋国际会议于1996年在阿姆斯特丹举行，截至2013年，该学术研讨会议已经在世界各地举办了9次。最近的争论聚焦于是否存在第四个螺旋的问题，一些学者提出可以将劳动力、风险资本、公众等看作第四个螺旋。也有学者提出可将大学、公众、政府看作可持续发展三螺旋，作为大学、产业、政府创新三螺旋的补充，进而形成"双三螺旋"[②]。在实践领域，很多国家和地区都倾向于实现"三螺旋3"这一理想模式，形成高效的创新

① 方卫华.创新研究的三螺旋模型：概念、结构和公共政策含义 [J]. 自然辩证法研究，2003（11）：71.
② 周春彦，埃茨科威茨.双三螺旋：创新与可持续发展 [J]. 东北大学学报（社会科学版），2006（3）：18-22.

环境以实现以知识为基础的经济发展。这些理论成果与探索经验对我国政府、产业及大学的运行与合作多有裨益。

4.1.2　三螺旋理论的国内研究与应用

三螺旋理论在国内的研究与应用始于 2000 年，栾维新、王茂军（2000）在"我国高技术产业的问题和主要对策"一文中提出依据三螺旋模式构建与优化我国技术产业的创新支持体系，方卫华（2003）对三螺旋模型的概念、结构及其应用于公共政策制定的价值含义加以阐述。该理论的创立者之一——亨利·埃茨科瓦茨的著作《三螺旋：大学、产业、政府三元一体的创新战略》2005 年由周春彦翻译并由东方出版社出版，2006 年这两位学者共同发表了"双三螺旋：创新与可持续发展"一文，此后三螺旋理论被国内理论与实践界认知，相关理论研究成果与实践也日益丰富。整理现有研究成果可以发现，三螺旋理论在国内的研究应用分布于以下几方面主题：

（1）国家及区域创新系统研究

三螺旋理论作为一种区域/国家创新理论，我国学者将其与我国及部分区域的实际情况相结合，分析了我国国家/区域创新战略的构建与实施策略。学者们以三螺旋模型对我国的国家创新模式与战略进行解释与设计（齐善鸿、吴思，2007；刘志铭、殷保达，2007；刘祖云，2012），尝试采用定量算法测度三螺旋主体的创新合作关系（蔡翔、刘晓正，2012），也有很多学者对包括上海、山东、天津、北京、湖南、海峡西岸经济区、环渤海地区以及高新区在内的区域创新合作进行了研究（谢飞，2007；周志霞、肖平，2010；魏迪、郑卫华，2011；王勇，2011；吴玉光，2012；李纪珍等，2012；张颖、胡树华、牟仁艳、陈波，2012），认为三螺旋模型所主张的政府-大学-企业"三位一体"的创新框架有助于创新战略的设计与实现。这些研究成果偏重对理论框架的引入与设计，对其运行机制与运行结果评测的研究相对较少。

（2）产业及企业创新模式研究

区域创新的三螺旋模型在实施措施中最常见的方式之一就是政产学

研的多方合作形式。由于我国的政治、经济制度的特点，该合作形式在我国推行已久，但并不是以三螺旋模式进行的而是建立在行政管理体制的基础上的，从而限制了合作效果的实现。学者们结合国情特点和产业发展，使用三螺旋模型对旧有政产学研合作方式进行了评析（刘志铭、殷保达，2007；石火学，2010），讨论借鉴了美国、日本等发达国家的实践经验（唐向红、胡伟，2012）探索并设计多元主体系统协同模式，如增加了中介服务机构的"四螺旋"结构（金潇明，2010）、推进孵化器、公共科技创新平台、研发联合体建设（许强、兰文燕，2010；杨连生、文少保，2010）。该方面的研究侧重对三螺旋系统中交叉区域的合作性组织建设进行研究，但对于交叉性组织或合作平台之所以产生并发挥积极作用的机理研究不足。

（3）大学知识创新模式研究

此方面的研究集中于对创业型大学及大学衍生企业、科技园区等问题进行研究。创业型大学是大学功能与使命的又一次提升，是三螺旋关系发展的推进器（李世超、苏竣，2006；李雪芹、周怀营、蔡翔，2010；韩高军，2010）。美国、欧洲、日本等的多所著名大学已经在从研究型大学向创业型大学的转变中积累了实践经验（谢飞，2007；张卫国，2010；杨连生、文少保，2010；董维春、罗泽意、朱志成，2010；李小丽，2011；唐向红、胡伟，2012），我国的大学及科研院所也应向创业型大学的活动模式转化，提升大学在人才培养、科学研究和社会服务方面的层次与水平（李雪芹、周怀营、蔡翔，2010；张秀萍、迟景明、胡晓丽，2010）。大学衍生企业、大学科技园则是大学参与区域创新与知识创造的载体，大学作为衍生企业/园区母体，其科研实力与科研价值对衍生企业及园区的产生与可持续发展至关重要，政府-大学-企业的良性互动是孵化作用实现的环境要求（李华晶、王睿，2011；张铁男、陈娟，2011）。本主题的研究局限于大学这一单一主体视角，将三螺旋环境作为实施前提，但却没有探讨这一前提如何实现，使得操作策略可能成为"无源之水、无本之木"。

（4）创新、创业人才培养模式研究

创新与创业是紧密结合的两个问题，而人才则是共同的核心要素之一。王琴梅、张勇（2011）利用三螺旋模式分析了我国就业市场的"用工荒"与"就业难"矛盾困境，认为正是政府-大学-企业三方主体决策与行为之间的不协调造成该矛盾[①]。创业教育这门重要的高校课程教育内容，其课程设计、效果实现、制度激励都应该借鉴三螺旋模式框架（张冬生、王子杰、齐秀强，2011；唐伟文、黄小琼，2011；刘美玉、刘力荣、李哲，2012）。在新兴产业的人才培养方面，郑富年等（2011）利用三螺旋模型分析了景德镇陶瓷文化创意产业的人才培养制度[②]。由于新兴产业培育与发展过程中政府的引导与支持占重要地位，因此在产业人力资源开发中更体现出三螺旋主体的多元参与，该模型对该问题的分析非常适用。因此下文就以三螺旋为主体关系框架对政府、大学、企业这三方人力资源开发主体间的相互作用、协同机理进行研究。

4.2 基于三螺旋的人力资源开发多主体演化博弈模型

基于以上分析可知，三螺旋理论更好地体现了人力资源开发中最重要的三个主体——大学、企业、政府之间的相互关系，有助于寻找多元合作的优化路径。由于大学、企业、政府拥有各自的职能划分和利益归属，因此三者之间合作关系的分析是一种多主体的博弈关系分析，且这种关系是一个动态的、复杂的过程。本节将采用演化博弈理论，从动态角度对有限理性的人力资源开发主体间博弈行为进行分析，探讨主体间的合作动因，提出多主体最优合作的对策和建议。

4.2.1 多主体演化博弈模型构建

大学、企业、政府在人力资源开发活动中从自身利益出发追求自身利益的最大化，其中，大学是人力资源开发的重要组成部分，向企业输

① 王琴梅，张勇.中国"用工荒"和"就业难"矛盾探索——基于三螺旋模式的分析[J]. 经济与管理，2011，25（8）：83-87.
② 郑富年，江旺龙，梁邦福.基于"三螺旋"系统进化模型的区域创意产业人才培养研究——以景德镇陶瓷文化创意产业人才培养为实例[J]. 商场现代化，2011（13）：110-111.

送经过职业技能教育的劳动力；企业作为基本经济单元和直接市场要素，根据自身需求对劳动者的工作能力进行开发，注重投资的时效性；政府通过宏观政策、服务平台、资金支持、制度监督、外部环境营造等措施参与产业或区域内的人力资源开发活动、激励与约束大学及企业的人力资源开发并督促其合作，进而提高区域或产业的人力资源开发水平及系统绩效。三者三位一体、互动自反，推动区域或产业的人力资源开发水平与绩效螺旋式前进，如图4-5所示。

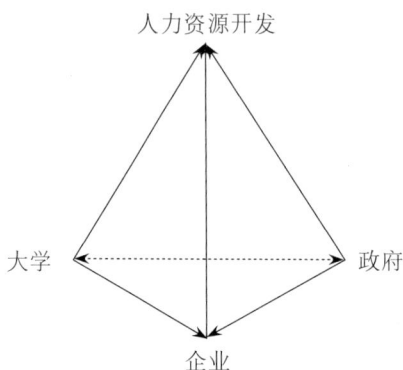

图4-5　人力资源开发的三螺旋模型

上文分析了三螺旋的三种不同类型，结合我国的实际来看，改革之前的"政府-大学-企业"关系属于第一种模式类型，即"国家社会主义模式"；而现今的情况由于市场体制的建立与政府角色的转换，政府对企业与大学及两者关系的影响已经由行政指令向自由市场转换，但是还未达到理想的三螺旋模式3的状况。鉴于我国的现状，将人力资源开发"政府-大学-企业"三方主体的关系定位为政府引导的"大学-企业"合作关系，则三方合作满足以下假设：

（1）政府根据产业发展目标及区域环境现状，明确人力资源开发战略与目标，并据此制定人力资源开发支持政策 f，f>0。企业和大学在人力资源开发中的角色与作用不同，政府所给予的支持政策力度与内容也有差异。θ（0<θ<1）表示企业方面得到的人力资源开发支持，1-θ表示大学得到的人力资源开发支持。

（2）$\Delta\pi_1$表示企业单独实施人力资源开发所获得的收益，$\Delta\pi_2$表示大学单独实施人力资源开发所获得的收益。$\Delta\pi$为企业和大学通过合作共同实施人力资源开发获得的合作收益；m（0<m<1）为合作所获收益中企业所得的收益分配比例，1-m为合作所获收益中大学所得的收益分配比例；由于双方只有在通过合作获得收益明显高于独立实施人力资源开发活动的收益时才会选择合作，因而 $m\Delta\pi>\Delta\pi_1$，$(1-m)\Delta\pi>\Delta\pi_2$。

（3）c为企业和大学合作实施人力资源开发时共同投入的总成本；r（0<r<1）为共同投入成本中企业投入成本所占比例，1-r为共同投入成本中大学投入成本所占比例。合作过程中若一方选择中断合作，则另一方不得不代替支付投入成本，尽管亦能够获得相应收益，但由于投入产出过程的低效，所获得的收益必然小于所投入的成本。因此，$\Delta\pi_1<rc$，$\Delta\pi_2<(1-r)c$。

（4）w为企业和大学违约背叛之前承诺的人力资源开发合作而支付的罚金；t_1 为企业方背叛合作后获得的由大学实施的人力资源开发带来的"搭便车"收益，t_2 为大学方背叛合作后获得的由企业实施的人力资源开发带来的"搭便车"收益。为防止合作承诺后的背叛行为，背叛承诺的违约罚金应远高于背叛承诺后的"搭便车"收益，即 $w>t_1$，$w>t_2$。

假设企业与大学分别为博弈方1和博弈方2，博弈方1与博弈方2的策略组合均为（合作，不合作）。按照以上假设，政府主导下企业与大学的博弈模型效应矩阵见表4-1。

表4-1　　　　　　　　"大学-企业-政府"合作的效应矩阵

		大学	
		s_1	s_2
企业	s_1	$m\Delta\pi + \theta f - rc$, $(1-m)\Delta\pi + (1-\theta)f - (1-r)c$	$\Delta\pi_1 + \theta f - rc$, $t_2 - w$
	s_2	$t_1 - w$, $\Delta\pi_2 + (1-\theta)f - (1-r)c$	0, 0

由于政府对企业与大学有一定的行政管理权力，同时合作的进行对企业与大学而言也存在被动进行的可能，因此将其行为选择假设为"积极合作"与"消极合作"两种情况。其中，假定企业选择积极合作或消极合作的概率分别为x和1-x；大学选择积极合作或消极合作的概率为y

和 $1-y$。则企业选择积极参与人力资源开发合作的期望得益 U_A（s_1）、选择消极参与人力资源开发合作的期望得益 U_A（s_2）和群体平均收益 U_A（s）分别为：

$$U_A（s_1）=y（m\Delta\pi-\Delta\pi_1）+\Delta\pi_1+\theta f-rc$$

$$U_A（s_2）=y（t_1-w）$$

$$U_A（s）=xU_A（s_1）+（1-x）U_A（s_2）$$

企业方的复制动态方程为：

$$E（x）=x（1-x）\left\{y（m\Delta\pi-\Delta\pi_1-t_1+w）+\Delta\pi_1+\theta f-rc\right\} \tag{1}$$

大学方与企业方共同积极开展人力资源开发合作的期望得益 U_B（s_1）、被动消极与企业方合作实施人力资源开发的期望得益 U_B（s_2）和群体平均收益 U_B（s）分别为：

$$U_B（s_1）=x\left[（1-m）\Delta\pi-\Delta\pi_2\right]+\Delta\pi_2+（1-\theta）f-（1-r）c$$

$$U_B（s_2）=x（t_2-w）$$

$$U_B（s）=yU_B（s_1）+（1-y）U_B（s_2）$$

大学方的复制动态方程为：

$$R（y）=y（1-y）\left\{\left[x（1-m）\Delta\pi-\Delta\pi_2-t_2+w\right]+\Delta\pi_2+（1-\theta）f-（1-r）c\right\} \tag{2}$$

按照 Friedman 提出的方法，对于一个由微分方程系统描述的群体动态，其均衡点的稳定性可由该系统的雅可比（Jacobian）行列式的局部稳定性分析得到[1]。根据动态复制方程（1）和方程（2），系统的 Jacobian 矩阵为：

$$J=\begin{bmatrix} （1-2x）\left[y（m\Delta\pi-\Delta\pi_1-t_1+w）+\Delta\pi_1+\theta f-rc\right] & x（1-x）（m\Delta\pi-\Delta\pi_1-t_1+w） \\ y（1-y）x\left[（1-m）\Delta\pi-\Delta\pi_2-t_2+w\right] & （1-2y）\left\{x\left[（1-m）\Delta\pi-\Delta\pi_2-t_2+w\right]+\Delta\pi_2+（1-\theta）f-（1-r）c\right\} \end{bmatrix}$$

令 $p=\dfrac{rc-\Delta\pi_1-\theta f}{m\Delta\pi-\Delta\pi_1-t_1+w}$，$q=\dfrac{（1-r）c-\Delta\pi_2-（1-\theta）f}{（1-m）\Delta\pi-\Delta\pi_2-t_2+w}$

根据 Jacobian 矩阵局部稳定性，对系统局部稳定性平衡点分析得表 4-2。由表可知，博弈有 4 个均衡点和一个鞍点，分别为 E_1（0,0）、E_2（1,0）、E_3（0,1）、E_4（1,1）和 O（p,q）。博弈演化相图如图 4-6 所示。

---

[1]　FRIEDMAN. Evolutionary games in economics [J]. Econometrica. 1991, 59 (3): 637.

表4-2 系统平衡点的局部稳定性

均衡点	detJ（J的行列式）	trJ（J的迹）
$E_1(0,0)$	$(\Delta\pi_1 + \theta f - rc)[\Delta\pi_2 + (1-\theta)f - (1-r)c]$	$\Delta\pi_1 + \Delta\pi_2 + f - c$
$E_2(1,0)$	$-(\Delta\pi_1 + \theta f - rc)$ $[(1-m)\Delta\pi - t_2 + w + (1-\theta)f - (1-r)c]$	$(1-m)\Delta\pi - \Delta\pi_1 + (1-2\theta)f - t_2 + w - (1-2r)c$
$E_3(0,1)$	$-(m\Delta\pi - t_1 + w + \theta f - rc)$ $[\Delta\pi_2 + (1-\theta)f - (1-r)c]$	$m\Delta\pi - \Delta\pi_2 + (1-2\theta)f - t_1 + w - (1-2r)c$
$E_4(1,1)$	$(m\Delta\pi - t_1 + w + \theta f - rc)$ $[(1-m)\Delta\pi - t_2 + w + (1-\theta)f - (1-r)c]$ $-(\Delta\pi_1 + \theta f - rc)[\Delta\pi_2 + (1-\theta)f - (1-r)c]$	$-(\Delta\pi - t_1 - t_2 + 2w + f - c)$
$O(p,q)$	$(1 - \dfrac{\Delta\pi_1 + \theta f - rc}{m\Delta\pi - \Delta\pi_1 - t_1 + w})$ $[1 - \dfrac{\Delta\pi_2 + (1-\theta)f - (1-r)c}{(1-m)\Delta\pi - \Delta\pi_2 - t_2 + w}]$	0

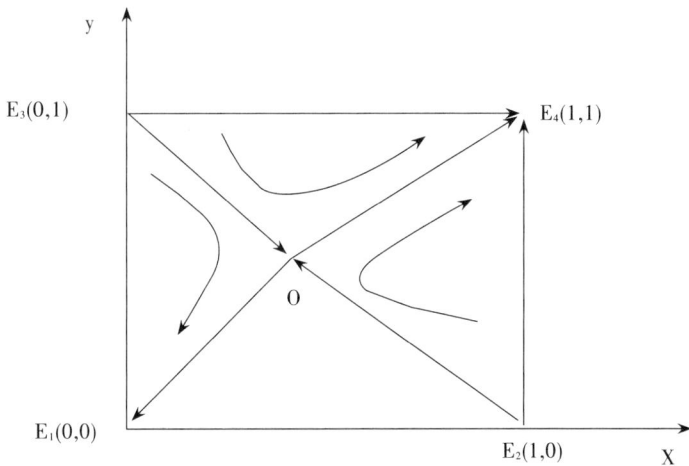

图4-6 "大学-企业"博弈演化相图

由图4-6可知：企业与大学实施消极人力资源开发活动的部分为 $S_{E_2E_1E_3O}$，其收敛于 E_1 点；企业与大学实施积极人力资源开发活动的部分为 $S_{E_2E_4E_3O}$，其收敛于 E_4 点；这两部分的和为1。$S_{E_2E_1E_3O}$ 的面积大小如式（3）所示。O点的位置决定了博弈双方选择积极合作的面积，即 $S_{E_2E_4E_3O}$ 的面积。该部分的面积越大，系统收敛于 E_4 的概率越大，即企业及大学选择积极合作进行人力资源开发活动的可能性越大。

$$S_{E_2E_1E_3O}=\frac{1}{2}(p+q)$$

$$=\frac{1}{2}\left[\frac{rc-\Delta\pi_1-\theta f}{m\Delta\pi-\Delta\pi_1-t_1+w}+\frac{(1-r)c-\Delta\pi_2-(1-r)f}{(1-m)\Delta\pi-\Delta\pi_2-t_2+w}\right] \tag{3}$$

4.2.2 多主体合作的演化稳定策略

（1）政府行为分析

模型中，政府的行为体现于支持政策 f 的变化，因此判断其对企业、大学合作关系的影响可通过对 $S_{E_2E_1E_3O}$ 求 f 的导数。可得 $\frac{\partial S_{E_2E_1E_3O}}{\partial f}<0$，即 $S_{E_2E_1E_3O}$ 为 f 的单调递减函数，就是说当 f 增加时 $S_{E_2E_1E_3O}$ 面积减小，系统向 E_4 方向演化的概率增大，大学与企业实施积极合作的概率增加。因此证明，政府对大学和企业的人力资源开发的积极合作具有正向激励作用。根据 Jacobian 矩阵 4 个均衡点的行列式和轨迹判断这 4 个均衡点的稳定性，四种情况都收敛于 $E_4(1,1)$，因此得出大学与企业间的合作是演化稳定策略。计算结果见表 4-3。

表 4-3　　　　　　　　　局部稳定性分析

	$\theta f < rc-\Delta\pi_1,$ $(1-\theta)f < rc-\Delta\pi_2$			$\theta f < rc-\Delta\pi_1,$ $(1-\theta)f > rc-\Delta\pi_2$			$\theta f > rc-\Delta\pi_1,$ $(1-\theta)f < rc-\Delta\pi_2$			$\theta f > rc-\Delta\pi_1,$ $(1-\theta)f > rc-\Delta\pi_2$		
	detJ	trJ	局部稳定性	detJ	trJ	局部稳定性	detJ	trJ	局部稳定性	detJ	trJ	局部稳定性
$E_1(0,0)$	+	−	ESS	−	?	鞍点	−	?	鞍点	+	+	不稳定
$E_2(1,0)$	+	+	不稳定	+	+	不稳定	−	?	鞍点	−	?	鞍点
$E_3(0,1)$	+	−	ESS	−	?	鞍点	+	−	ESS	−	?	鞍点
$E_4(1,1)$	+	−	ESS	+	−	ESS	+	−	ESS	+	−	ESS

上述结果论证了政府的支持政策对大学与企业合作进行人力资源开发能够发挥正向激励作用，不过即使没有政府的激励，大学与企业也会通过长期博弈最终实现合作共赢。因此，政府在人力资源开发中的角色不应是直接控制或担当开发主体干涉市场行为，而是应该充当市场调节下的补充，利用政策工具引导、扶持、鼓励在人力资源开发活动中超额收益较少的一方积极参与合作，规范市场秩序、控制市场风险、防止市

场机制失灵。

（2）"大学-企业"合作分析

第一，人力资源开发成本、实力与合作意愿。

人力资源开发的成本由 c 表示，由公式推导可得 $\frac{\partial S_{E_2E_1E_3O}}{\partial c}>0$，即 $S_{E_2E_1E_3O}$ 为 c 的单调递增函数。也就是说，当 c 增加时 $S_{E_2E_1E_3O}$ 面积增大，系统的演化方向趋向于 E_1，双方在人力资源开发上的合作意愿与可能性降低。

而鉴于双方合作后获得整体收益大于合作开发的投入成本，其违约罚金应远高于背叛收益，即 $rc-m\Delta\pi+t_1-w<0$，因而 $\frac{\partial S_{E_2E_1E_3O}}{\partial\Delta\pi_1}<0$，$S_{E_2E_1E_3O}$ 为 $\Delta\pi_1$ 的单调递减函数。$\Delta\pi_1$ 为企业独立实施人力资源开发所获得的收益，因此 $\Delta\pi_1$ 越大意味着企业实施人力资源开发的实力越强，而递减关系表示 $\Delta\pi_1$ 越大则 $S_{E_2E_1E_3O}$ 越小，这样的企业更倾向于和大学合作实施人力资源开发。同样的计算结果也适用于大学方面的 $\Delta\pi_2$。

上述结果论证得出："大学-企业"合作实施人力资源开发的概率随着各自开发成本的增加而降低，随着各自开发实力的增强而提高。因此校企合作进行人才培养往往表现为强强联合，这样的合作成功的概率较大。

第二，人力资源开发收益、成本分摊与合作意愿。

$\Delta\pi$ 为企业与大学合作实施人力资源开发的整体收益，而推导可得 $\frac{\partial S_{E_2E_1E_3O}}{\partial\Delta\pi}<0$，即 $S_{E_2E_1E_3O}$ 为 $\Delta\pi$ 的单调递减函数，当 $\Delta\pi$ 增加时 $S_{E_2E_1E_3O}$ 面积减小，大学与企业合作进行人力资源开发的概率增大。

对 $\frac{\partial S_{E_2E_1E_3O}}{\partial r}$ 的讨论分为两种情况。当 $m\Delta\pi-\Delta\pi_1-t_1>(1-m)\Delta\pi-\Delta\pi_2-t_2$ 时，$\frac{\partial S_{E_2E_1E_3O}}{\partial r}>0$，$S_{E_2E_1E_3O}$ 为 r 的单调递增函数。即如果企业与大学合作后分配到的超额收益与其单独实施人力资源开发的收益与背叛收益的差值大于大学所获得的差值时，企业在合作中分摊的成本比例也相应增大。反之，当 $m\Delta\pi-\Delta\pi_1-t_1<(1-m)\Delta\pi-\Delta\pi_2-t_2$ 时，$\frac{\partial S_{E_2E_1E_3O}}{\partial r}<$

0，$S_{E_2E_1E_30}$为 r 的单调递减函数，即如果企业与大学合作后分配到的超额收益与其单独实施人力资源开发的收益与背叛收益的差值小于大学所获得的差值时，企业在合作中分摊的成本比例也相应减小，大学承担的比例增大。

而 m 对 $S_{E_2E_1E_30}$ 非单调，但其二阶导数 $\frac{\partial^2 S_{E_2E_1E_30}}{\partial \Delta m^2}>0$，当 $\frac{\partial S_{E_2E_1E_30}}{\partial \Delta m}=0$ 时 $S_{E_2E_1E_30}$ 有极小值。令 $S_{E_2E_1E_30}$ 达到极小值的 m 为促使企业与大学双方达到积极合作的最优收益分配比例。

上述结果论证得出："大学–企业"合作实施人力资源开发的概率随双方合作时所获得的超额收益的增加而增大，分配收益比例较大的一方所承担的开发成本也随之增加。理论上存在一个最优分配比例，能够促使双方合作的意愿最大化。

第三，投机行为的背叛收益、背叛惩罚与合作意愿。

由 $\frac{\partial S_{E_2E_1E_30}}{\partial t_1}>0$，得 $S_{E_2E_1E_30}$ 为 t_1 的单调递增函数。当 t_1 增加时 $S_{E_2E_1E_30}$ 面积增大，系统向 E_1 方向演化的概率增大，企业与大学进行人力资源开发合作的意愿降低，即企业背叛合作并且从大学获得溢出收益增加时，"搭便车"效应使得企业更倾向于享受"免费的午餐"，降低与大学合作的动力。同理对大学也有 $\frac{\partial S_{E_2E_1E_30}}{\partial t_2}>0$。因此，只有对投机行为的制止与惩罚才能激励双方进行合作。

由 $\frac{\partial S_{E_2E_1E_30}}{\partial w}<0$，得 $S_{E_2E_1E_30}$ 为 w 的单调递减函数。随着 w 的增加 $S_{E_2E_1E_30}$ 面积减小，系统向 E_4 方向演化的概率增大，双方共同实施人力资源开发的概率增大。

上述结果论证得出："大学–企业"合作实施人力资源开发的概率随着投机行为所获背叛收益的增加而降低，随着投机行为所获背叛惩罚的增加而增大。因此，双方应明确各自的开发义务与责任边界，形成自身开发特色，这将有利于合作的开展。而政府应实施严格的约束、收费、惩罚制度，督促各方的责任落实，营造人力资源开发的社会意识与氛围，进而维护、引导合作的实施。

4.3　基于三螺旋的人力资源开发中间组织角色分析

　　人力资源开发多主体合作的实现，除了依靠传统的政府、大学、企业三方在各自承担的开发活动中实现与另两主体的协同外，还需要通过双边或三方交叉区域的中间组织参与协助。就三螺旋模型而言，三条螺旋链之间的衔接与协作主要依赖中间组织的沟通与支持，中间组织的发展对螺旋链条的巩固有积极作用，反过来螺旋链条的发展也将推动和提升中间组织的价值与影响，两者的共同作用实现了螺旋模型的优化与升级。本节将对三螺旋框架下的中间组织类型及作用进行分析，进而说明其如何发挥价值。

4.3.1　中间组织的结构形式

　　三螺旋环境下的中间组织是政府、产业和大学进行合作的支持组织，它能够协调三螺旋环境中参与者的利益分配问题、整合参与者的有利资源、促进系统中的知识转移及新技术的商品化[1]。在三螺旋模型下，中间组织包括三主体间两两交叉及三方交叉区域内的组织，即双边组织与三边组织（如图4-7所示）。其中双边组织包括政府-企业、政府-大学、企业-大学三种，而三边组织则是最高级、最成熟的中间组织形式[2]。各种中间组织类型的特征对比见表4-4。

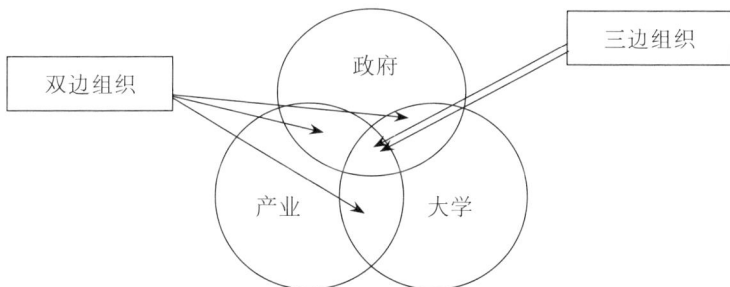

图4-7　三螺旋模型下的中间组织

---

　　[1]　姜忠辉，刘晓静.论三螺旋环境下中间组织的角色和作用［J］. 中国海洋大学学报（社会科学版），2009（5）：60-63.
　　[2]　潘东华，尹大为.三螺旋接口组织与创新机制［J］. 科研管理，2009（1）：17-23.

表4-4 　　　　　　　　　　中间组织的类型与特征对比

类型	发起主体	服务对象	功能	实例
双边组织	政府+企业	单个企业或特定行业中的企业	政府为发展特定产业或对具有重要影响的单个企业的政策支持	技术园区、孵化器、政府科技部门
	政府+大学	大学等各种非营利性的研究机构	促进大学等研究机构的技术转移与对接，促进知识共享与成果应用	科技协作平台、政府委托实验室
	企业+大学	众多企业和众多大学等研究机构	促进大学研究成果在企业中的应用，企业在市场中特定需求的专项研究，推动产业发展	技术转移中心、合作研究实验室
三边组织	政府+企业+大学；或自发形成	中间组织自身，企业、大学、政府以至整个社会经济	在实现中间组织自身利益目标的基础上，促进三螺旋中的广泛合作与创新，在极大程度上促进知识转移共享与成果应用，并深入促进产业发展	衍生公司、咨询顾问、委托机构、中介性组织

资料来源：潘东华，尹大为.三螺旋接口组织与创新机制［J］.科研管理，2009（1）：17-23.

4.3.2　中间组织扮演的角色分析

三螺旋环境下的中间组织处于三者重叠的区域，故而该类型的组织在职能上往往兼具两个或三个组织的作用，同时扮演沟通渠道、合作平台与监督裁判的角色。

（1）裁判角色

在一定条件下，中间组织扮演着规则和标准制定与监督执行的裁判角色，承担着区域内或产业内相关组织行业标准的制定与执行职能。如，TD产业联盟制定了基于TD-SCDMA的TDBM手机电视标准，商业软件联盟（Business Software Alliance，BSA）直接或间接介入一些国家的知识产权保护政策和贸易政策。此类中间组织可以由三螺旋的任何一方发起，包括企业、大学与政府，也可以由三方共同组建。成立于1984年的美国软件工程协会（SEI）就是由美国国防部赞助、卡内基·梅隆大学负责组织管理的软件产业专业组织，该组织制定并组织的CMM、PCMM等认证，已经成为通行全球的专业资格认证。这些行业标准，能够规范行业秩序，约束三螺旋主体间及主体内组织的行为并减少摩擦。

（2）合作角色

中间组织还扮演着各方资源的协调与合作的角色，如产业联盟、孵化器、政府实验室和技术转移办公室（Office of Technology Licensing，OTL）等。1987年，美国政府出资支持13个主要半导体公司组建半导体技术研发合作产业联盟，合作研发半导体产业的先进制造技术，帮助美国半导体企业重新回到了世界第一的竞争地位[①]。而创业型大学的出现则将大学溢出的知识、人力资源及管理经验进行整合，最终将促进政府、产业和大学的三螺旋及区域经济的发展。这类中间组织优化了各方资源的配置与应用效率，从更高的层面实现协同效应的经济与社会价值。

（3）支持角色

中间组织还扮演着支撑体系实现协同的角色，通过合理利用来自于政府与产业的资金支持各方单独所不能承受的风险与成本项目。如英国的产业大学，由政府出资进行基础设施平台的建设和启动，其他组织直接使用而不必投入初始成本，进而鼓励人力资源开发的各方主体积极参与使用，之后实现规模收益。再比如国家层面的科技创新计划，如英国的阿尔维（Alvey）计划、欧洲尤里卡（Eureka）计划和信息技术研究与发展战略计划（Esprit）（Dodgson，1993）。

以上讨论的三螺旋环境下中间组织的角色是在三螺旋宏观循环过程中产生的，中间组织通过三螺旋宏观循环将政府、产业和大学中的人

---

① 姜忠辉，刘晓静.论三螺旋环境下中间组织的角色和作用 [J]. 中国海洋大学学报（社会科学版），2009（5）：60-63.

员、信息和产品进行整合，并将整合后的资源又反馈给政府、产业和大学，以此促进区域创新和技术成果的商品化。

4.3.3 中间组织对人力资源开发的协调作用

（1）有利于发挥政府的调节作用

前文分析，大学与企业的协作受到政府政策的正向激励，但政府不应采取直接干预的方式而应发挥市场机制的调节作用。中间组织作为衔接三螺旋的桥梁，可以成为政府引导产业发展与人才培养的有效工具。比如，协会组织可以发布研究报告汇总产业发展的人力资源开发现状、问题及趋势，为企业实施人力资源开发提供信息与指导，为大学的人才培养提供实践需求信息与帮助。相比政府的政策指令，中间组织的意见与建议能够让大学与企业更加理性地分析问题。

（2）有利于规范人力资源开发的合作行为

企业与大学合作实施人力资源开发的概率随着合作过程中收益分配的合理性增加而增加，随着背叛收益的增加而降低，随着背叛惩罚的增加而增大。因此，合作行为的规范性、契约性对合作行为有很大影响，而且需要对合作行为履行情况进行监督。中间组织作为第三方合作平台或中立机构，能够为大学与企业提供更加平等与公正的合作环境，从而激励双方共同进行开发活动。

（3）有利于发挥合作的协同效应

企业与大学的合作表现为较多的"强强联合"，受益分配中的"马太效应"明显，而中间组织能够为强势企业与优秀大学提供专门的优势互补项目，通过发挥沟通、中介的角色让双方甚至多方互通有无、实现互补。作为独立运行的组织，中间组织为企业、大学的高级人才提供了脱离原有组织身份重新进行合作的机会，能够更加充分地发挥其知识创造的作用。同时，还作为公共人力资源开发平台为中小企业降低人力资源开发的成本、风险，激励中间组织更多地参与人力资源开发，提高员工队伍素质及企业发展潜力。

（4）有利于公共服务质量的提高

随着专业分工的细化，大学或企业进行人力资源开发的专业性也越来越强，专注于组织的核心优势、核心业务需求进行人力资源开发活动能够大大提高资金效率与效益。那些支撑、辅助性的开发活动可以通过外包的形式委托专业服务机构完成，而外包机构作为服务平台能够以更低的成本、更专业的方法将任务完成。以猎头公司、人力资源服务中心为代表的中间服务组织能够提供此类服务，优化人力资源开发的整体外部环境。

4.4 本章小结

三螺旋模型由政府、产业和大学三方主体螺旋链条组成，每条螺旋内部存在循环作用，三条螺旋之间也存在循环作用，而且在螺旋链条相互交叉的区域会产生双边或三边的中间组织。因此，三螺旋模型的成功构建需要依靠政府、产业和大学这三条螺旋自身及相互的有效配合，通过自身努力与合作平台的支持实现和谐共赢。三螺旋理论被普遍用于创新、创业问题的研究，在人力资源开发的多主体协同演化过程中，也应该吸取国外三螺旋模型的经验设计人力资源开发的整合体系。

由于大学、企业、政府拥有各自的职能划分和利益归属，因此三者之间合作关系的分析是一种多主体的博弈关系分析，且这种关系是一个动态的、复杂的过程。通过主体建模后的演化博弈分析，从动态角度对有限理性的人力资源开发主体间博弈行为进行分析，探讨主体间的合作动因，提出如下多主体最优合作的对策和建议：第一，政府对大学和企业的人力资源开发合作具有正向激励作用，但不应该直接干涉各种市场活动，而是应该充当市场调节下的补充。第二，"大学-企业"合作实施人力资源开发的概率随着各自开发成本的增加而降低，随着各自开发实力的增加而提高，随双方合作时所获得的超额收益的增加而增大。理论上存在一个最优分配比例，能够促使双方合作的意愿最大化。第三，"大学-企业"合作实施人力资源开发的概率随着投机行为所获背叛收益的增加而降低，随着投机行为所获背叛惩罚的增加而增大。因此，双方应明确各自的开发义务与责任边界，形成自身开发特色，这将有利于合作的开展。三螺旋环境下的中间组织包括双边组织与三边组织两种类型，为创新活动提供了丰富的人力资源、创新产品、政策支持、法规保障及资金支持，最大限度地实现了政府、产业和大学之间的资源共享。

5 多主体协同的人力资源开发体系设计：
以辽宁高技术服务业为例

人力资源开发对于一国或地区的社会、经济发展的各个方面都至关重要，特别是在新兴经济体的新兴产业培育与发展问题上意义重大，因为人才要素是新兴产业培养发展过程中的核心要素。2009年，在金融危机与民族复兴的双重背景下，国务院提出大力发展新兴战略产业的重大决策，自此，中国经济进入了产业升级与转型的新阶段。而在新兴产业的培育过程中，要素供给与政府政策是支持、引导产业形成与发展的强大力量。如何优化战略性新兴产业的人力资源开发效率与效果具有重大的政策指导与实践应用价值。本章以辽宁省高技术服务业的人力资源开发问题为实证案例，验证前文理论分析结果的正确性与实践应用。

5.1 高技术服务业及其人力资源开发特点分析

界定研究对象的内涵和外延并明确其特点，是开展研究活动的起点。高技术服务业是服务业发展到现代服务业后与高科技产业相融合的产物，兼具高技术产业与现代服务业的特点，体现出高增值、低消耗、高辐射、集聚性强等鲜明特征。该产业中知识密集、人才密集，产业对人才的需求也有别于传统产业，足量而优质的人才供给是产业发展的根本动力。

5.1.1　高技术服务业的界定与特征

（1）高技术服务业的概念与内涵

作为新兴产业的高技术服务业发展迅速，但是其概念与内涵并没有统一、公认的界定，特别是国内外的学者与管理机构对其内涵要求与外延边界的看法差异较大。国外主要用"High-technology Services，即HTS"表示高技术服务业，指的是具有高技术产业特征的服务业，是由高技术制造业的内涵延伸形成的新兴产业。HTS主要包括高技术制造业后向延伸形成的通信服务业、软件与计算机及相关服务业，也包括高技术制造业前向延伸形成的自然科学领域的研发与实验室测试；但不包括为高技术产业发展提供服务的相关服务业（如专业技术服务业和商务服务业），也不包括用高技术改造提升传统服务业形成的新产业（如电子商务等）[①]。

与国外学者的观点（如图5-1所示）略有不同，国内学者侧重强调高技术手段在服务业中的应用这一特征（如图5-2所示）。王仰东编著的《服务创新与高技术服务业》一书中将高技术服务业定义为："以网络技术、信息通信技术等高技术为支撑，且技术关联性强，以提供高科技含量和高附加值的技术（知识）密集型产品、服务为主，且兼顾了高技术产业和知识型服务业优势的一种高端服务产业"[②]。国内学者普遍认为，高技术服务业既包含高技术制造业的衍生服务，也包含现代服务业中的高技术业态，这样的观点使得高技术服务业概念的内涵和外延更加宽泛。而本研究支持此类观点。

---

① 王仰东.服务创新与高技术服务业 [M]. 北京：科学出版社，2011：99.
② 王仰东.服务创新与高技术服务业 [M]. 北京：科学出版社，2011：99.

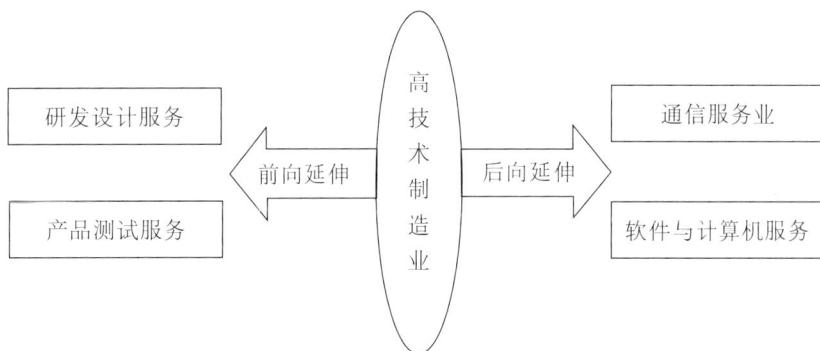

图 5-1　高技术服务业内涵的国外观点

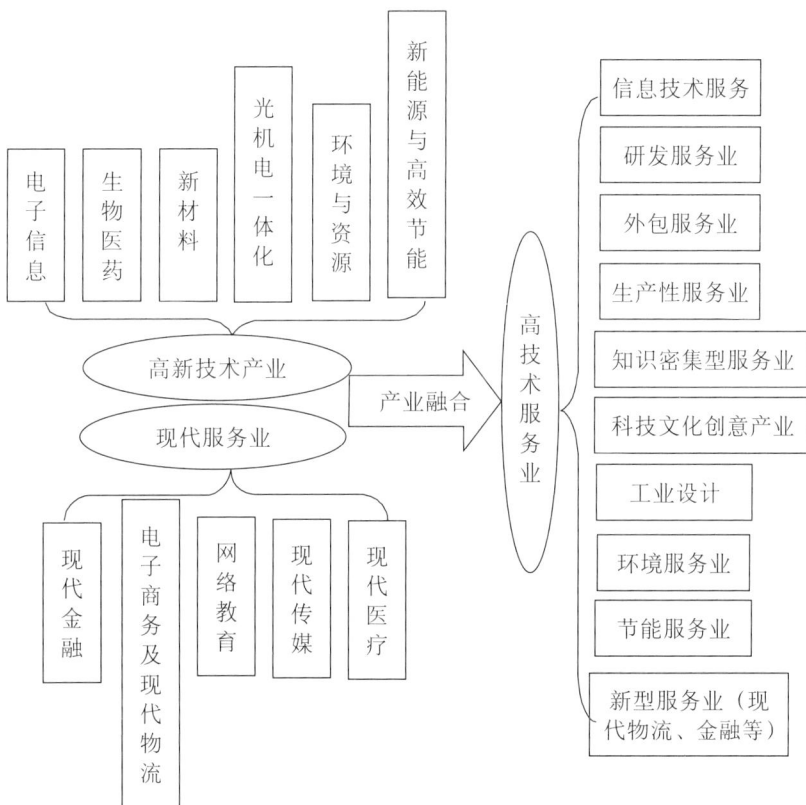

图 5-2　高技术服务业内涵的国内观点

资料来源：王仰东.服务创新与高技术服务业［M］. 北京：科学出版社，2011.

（2）高技术服务业的领域界定

科技部在《2003 年度科技型中小企业技术创新基金若干重点项目

指南》中首次提到高技术服务业，2007年国家发改委发布的《高技术产业发展"十一五"规划》中将高技术服务业明确列入八大高新技术产业中，2012年国务院办公厅《关于加快发展高技术服务业的指导意见》表示将在2020年"形成较为完善的高技术服务产业体系"。但上述政策文件中都没有给出该产业的概念定义，但对产业领域的范围进行了界定。

科技部在《2005年度科技型中小企业技术创新基金若干重点项目指南》中首次提出了高技术服务业的支持方向，国务院办公厅2011年12月发布的《关于加快发展高技术服务业的指导意见》中指出，高技术服务业是现代服务业的重要内容和高端环节，具有技术含量和附加值高、创新性强、发展潜力大、辐射带动作用突出等特点。而我国重点推进的高技术服务产业领域为：研发设计服务、知识产权服务、检测检验服务、科技成果转化服务、信息技术服务、数字内容服务、电子商务服务和生物技术服务这八大领域。

对比2012年7月国务院印发的《"十二五"国家战略性新兴产业发展规划》，高技术服务产业的领域不仅包括战略性新兴产业重点发展方向之一的"新一代信息技术产业"中的主要领域，也包括为其他战略性新兴产业提供支持、辅助等相关高新技术服务领域（参见表5-1）。

表5-1　　　"十二五"国家战略性新兴产业及重点发展方向

节能环保产业	1.高效节能产业
	2.先进环保产业
	3.资源循环利用产业
新一代信息技术产业	1.下一代信息网络产业
	2.电子核心基础产业
	3.高端软件和新兴信息服务产业
生物产业	1.生物医药产业
	2.生物医学工程产业
	3.生物农业产业
	4.生物制造产业

续表

高端装备制造产业	1.航空装备产业
	2.卫星及应用产业
	3.轨道交通装备产业
	4.海洋工程装备产业
	5.智能制造装备产业
新能源产业	1.核电技术产业
	2.风能产业
	3.太阳能产业
	4.生物质能产业
新材料产业	1.新型功能材料产业
	2.先进结构材料产业
	3.高性能复合材料产业
新能源汽车产业	纯电动和插电式混合动力汽车及零部件研发、生产及应用

（3）高技术服务业的特征界定

高技术服务业除具备高技术产业与现代服务业的特点外，还具有以下特征[①]：

第一，高效益。包含着大量高新技术的高技术服务业不同于传统服务业提供的服务，其服务过程既是高新技术传播、使用的过程，同时也是高新技术增值的过程，计算机服务、软件等新兴高技术服务业的增加值占销售收入的比重要明显高于其他制造行业和传统服务业。同时，高技术服务业是技术密集型产业，主要依赖科技、人才资源，对传统的物化资源如矿产、能源的消耗较低。

第二，高辐射。高新技术产业的产品与服务的商业价值不仅体现于高新技术企业自身的经营结果，同时体现在其产品与服务应用之后产生的渗透与辐射作用。尤其是高技术服务业，其发展能够实现包括高新技术产业在内的整个国民经济体系以及社会生活的效益和品质提升，其辐

---

① 佚名.北京高技术服务业发展战略研究［EB/OL］.［2020-03-15］. https：//max.book118.com/html/2019/0910/8064056042002047.shtm.

射范围和深度能够带动其他地区各个行业的经济发展和提高居民的生活水平。

第三，集聚性。高技术服务业的"高效益、高辐射"特点决定了高技术服务业通常集聚在技术资源丰富、辐射性强的城市和地区，这些地区通常具有大量的研究和教育机构，并且拥有能够快速把技术转化为应用的经济实力与服务平台。同时，高技术服务业的集群化发展趋势明显，通过地理区位的空间集聚实现基础设施、产业资源的共享，并促进知识、技术的交流与创新。

第四，高智力性。高技术服务业是以人的智力资源为基础的产业，具有知识密集、技术密集、人才密集的特点，以创新为核心的智力劳动占据主导。人才因素是支持与制约该产业发展的核心要素之一，且高技术服务业的人才需要具备复合型、实用型、创新型的特质，人才需求结构也具有梯层性。

5.1.2　高技术服务业人力资源开发特点分析

高技术服务业兴起，无论产业本身抑或其产品应用都对国民经济的其他产业部门有极强的辐射、增值作用。高技术服务业的发展，代表着产业转型与升级的方向。作为培育与发展战略性新兴产业的重要内容之一，高技术服务业的发展必须从核心要素入手，培养和引进产业所需人才是重中之重。人力资源开发战略与措施的设计与整合要以开发对象的特点与需求主体的要求为出发点，因此本小节对高技术服务业的人才需求特点进行分析。作为高新技术产业与现代服务业共同孕育的新兴产业，高技术服务业具有知识密集、技术密集、人才密集的特点，是以智力资源为基础、智力劳动占主导的产业类型。产业与人才紧密依赖，人才是产业发展的根基、产业是人才需求的源头，形成了图5-3的T-R-D-M模式。

高技术服务业的从业人员普遍为高学历、高能力人才，而在此基础上的人才结构需求更体现出鲜明的梯层性和复合性特点。

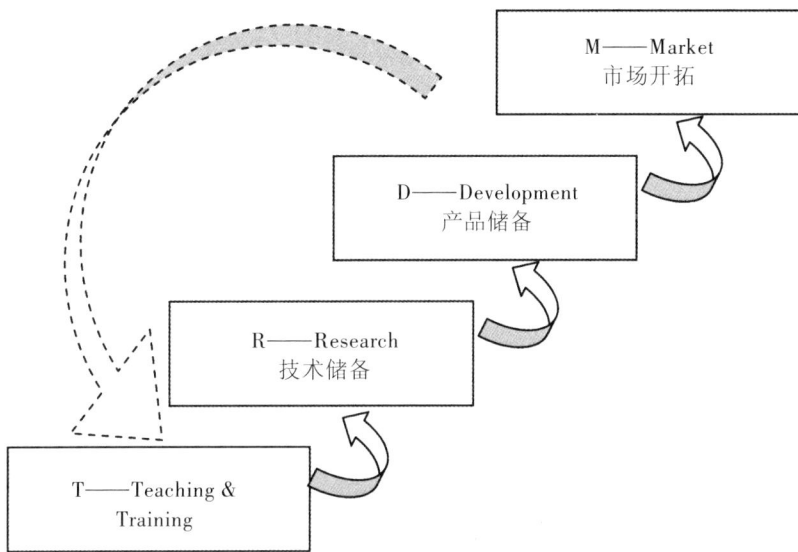

图5-3　高技术服务产业与人才发展的T-R-D-M模式

资料来源：林忠，王晓莉.大连软件产业人才战略研究［J］.中国软科学，2009（11）：171-178.

　　第一，人力资源开发结构的梯层性。所谓梯层性，是指高技术服务业的人才队伍在年龄结构、知识技能结构方面存在需求层次，不同层次的人才数量及质量比例适宜，才能达到协同合作的最佳效果。以软件外包产业为例，成熟的软件外包产业要求匹配一个"金字塔型"的人才梯队，如图5-4所示。"金字塔"顶层的系统架构设计师、研发总监是灵魂人物，统领产品与服务的创新、把握技术及企业未来的方向；处于中间的项目经理、系统分析师是将创新概念转化为应用模型的骨干，同时也是管理与协调的纽带；处于底层的从事软件编码等初级工作的大量程序员是人才队伍的基础，同时也是项目落地的具体实施者。从年龄结构上看，虽然该产业的平均年龄偏低，但并不意味着低龄化就是优势与趋势，经验与阅历同样是该产业高层次人才应该具备的条件。表5-2为大连软件园某日本服务外包企业的技术类岗位目录，可看出其岗位层次设计与职责要求梯层明显，对任职人员的专业及经验要求都较高，同时还需匹配相应的日语交流能力。总之，分工细化、结构合理的人才队伍结构更便于高技术服务业的健康发展与企业的科学化管理，实现人力资源优势最大限度地发挥。

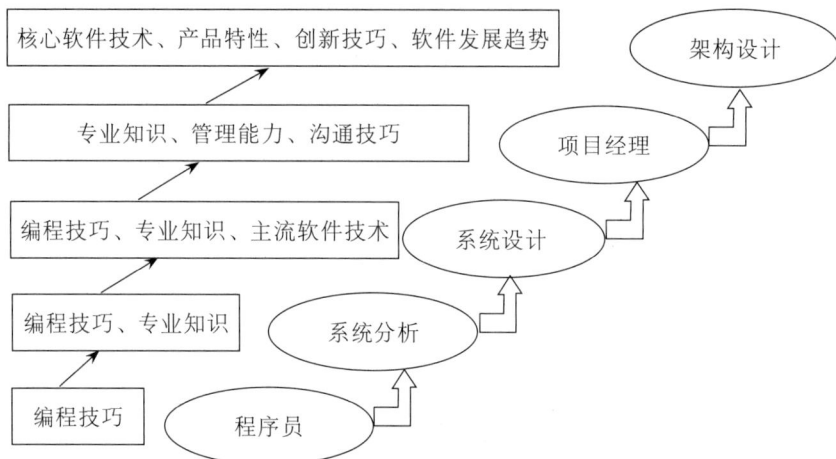

图5-4 软件产业人才队伍的梯层结构

表5-2   大连软件园某日本服务外包企业的技术类岗位目录

岗位名称	平均年龄	平均工作年限	岗位描述
开发部部长	42岁	17.2年	参与制订公司经营计划；负责开发团队的建设和管理；负责项目总体技术方案的指导、审核及质量评估；根据公司软件研发与业务发展方向，组织落实各项技术工作
开发部课长	41.1岁	15.8年	辅助部长落实各项技术工作；负责项目的进度和质量监督考核；对开发业务给予指导和支持；负责组织进行项目实施方案的制订
项目经理	35.7岁	12.1年	负责制订项目技术方案和实施方案；负责项目实施的管理；负责控制项目的进度和质量；负责项目组人员业务指导和考核
高级技术员	35岁	11.1年	辅助项目经理制订项目方案；负责系统模块的软件编程和系统维护工作；根据开发进度和任务分配，完成相应的工作；研究项目技术细节，编写相应的说明书；对于初级技术人员进行技术支持
技术员	28.1岁	6.9年	辅助项目经理制订项目方案；负责系统模块的软件编程和系统维护工作；根据开发进度和任务分配，完成相应的工作；研究项目技术细节，编写相应的说明书

第二，人力资源开发内容的复合性。传统服务业大多为劳动密集型产业，如餐饮业、住宿业等，从业人员作为服务产品的提供者对服务内容与质量的影响巨大。在这一特征上，高技术服务业与传统服务业有相似之处，即高技术服务业对人才有高度的依赖性。不同的是，高技术服务业所需人才的整体素质明显高于传统服务业，即便是其基层工作人员亦需要具备良好的专业知识、创新能力和实践技巧。所谓人才需求的复合性，是指高技术服务业的人才队伍在个体能力结构、团队专业结构方面要求全面而综合，能力素质全面、专业搭配合理的团队才具备竞争优势。高技术服务业是产业升级与融合的产物，其产品与服务的提供需要各种专业背景的人才通力合作才能完成。而每位团队成员除了需要具备基本的技术能力外，还必须掌握团队合作、客户交流以及必要的语言技能和文化素养。以动漫产业为例。动漫制作是门综合艺术，也是富有想象力和创造性的艺术，涵盖文学、戏剧、音乐、美术、表演、绘画等学科的艺术修养，同时3D等数字技术又要求动漫制作人员掌握相关的制作软件工具。既懂技术、又懂艺术，既会作图、又有创意的动漫人才是该产业的理想选择。而一支动漫制作团队需要有制片、编剧、导演、美术设计、动作设计及画师、场景设计等团队角色，不同的角色任务要求不同的专业背景、职业经历、技能素质，成员之间要保持一定的差异性才有利于创新和实现互补。

第三，人力资源开发主体的多元性。由于开发结构的梯层性与开发内容的复合性，使得高技术服务业的人力资源开发很难由单一开发主体完成，多主体的合作开发在该产业的人才开发中尤其重要。发达国家的经验也显示，高等院校、职业培训、公共培训、企业开发实践等多主体、多元化的开发方式在高技术服务业产业人才培养中共同发挥作用，分别对应不同的开发结构层次与开发内容（如图5-5所示）。多元主体的分工与协作是高技术服务业人力资源开发体系设计需要解决的重要问题。

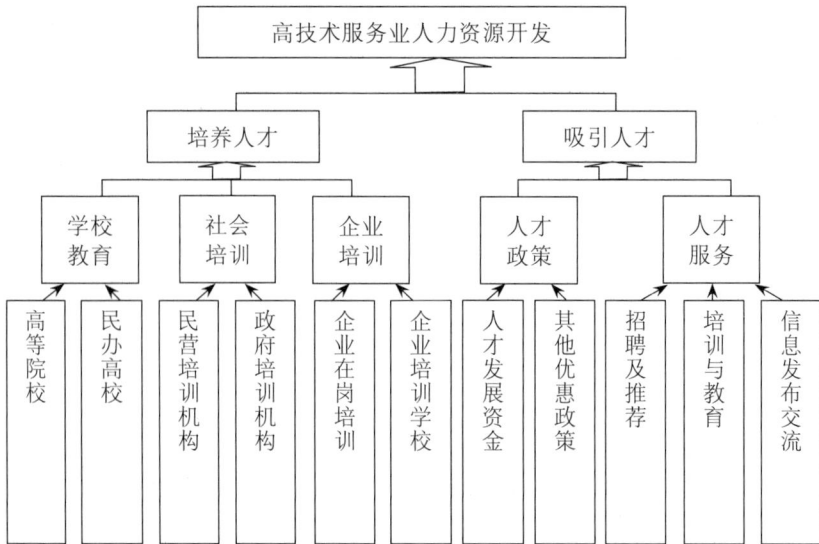

图5-5 软件产业人才队伍的梯层结构

资料来源：林忠，王晓莉.大连软件产业人才战略研究［J］. 中国软科学，2009（11）：171-178.

5.2 高技术服务业人力资源开发主体行为的影响因素分析

5.2.1 产业发展因素分析

辽宁省是传统的工业大省，快速发展的服务业是辽宁加快经济转型升级的标志，其发展呈现出"速度保持高位、比重加快上升、结构不断优化、效益稳步提高"的良好态势。在服务业的内部构成中，尤其是以软件及信息服务业、物联网产业、动漫产业等为主体的高技术服务业发展更为迅速。沈阳与大连被列为国家发改委授予的首批15个"国家高技术服务产业基地"城市，辽宁省2012年2月成为继北京、上海之后的全国第三个现代服务业综合试点省份。然而在产业规模及规格不断升级的同时，人才瓶颈也日益凸现，成为约束产业发展的战略问题。

（1）产业规模及收益平稳增长

2011年上半年，辽宁省服务业完成增加值8 159亿元，同比增长

11%，增速高出全国水平 2.1 个百分点。固定资产投资 9 507.3 亿元，增长 35.3%，占社会总投资的 54.5%。实际利用外资 116.3 亿美元，占全部利用外资的 46.7%。实现地税收入 1 225 亿元，新增实名就业 66.1 万人，分别占全省六成以上份额。2012 年上半年，服务业实现增加值 4 472.6 亿元，同比增长 8.7%，增幅高于全国 1 个百分点。服务业已经成为拉动全省经济增长的重要力量、对外开放的重要载体、财政收入和吸纳就业的主力军。辽宁省高技术服务业平稳增长，2011 年全社会固定资产投资额总计 632.7 亿元（如图 5-6 所示），比上年增长 3.8%①。作为优势产业的软件和服务外包产业规模不断扩大，截至 2011 年年底全省软件产业实现业务收入 2 925.7 亿元，企业总数已经超过 2 000 家，从业人员超过 16 万人，在全国居于前列。

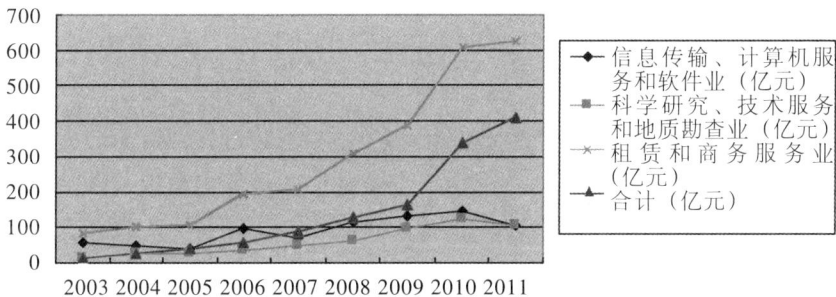

图 5-6　2003—2011 年度辽宁省高技术服务业全社会固定资产投资额

资料来源：国研网辽宁省统计年鉴数据。

（2）新型服务业态欣欣向荣

从传统产业价值链上分解出来的专业研发、设计公司大量出现并发展迅速，软件及服务外包公司、工业设计公司、集成电路设计公司、生物医药研发外包等成为辽宁高技术服务业的增长点。以东软、华信等为代表的龙头企业开始向服务业转型，一些新型的业态如 IT 咨询、网络教育、网络出版、多媒体技术服务、文化创意、网游动漫等不断涌现。

---

①　数据选择依据为国家发改委 2010 年《关于当前推进高技术服务业发展的有关工作通知》中的说明。按照现行《国民经济行业分类》统计目录，高技术服务总量统计主要包括：一是第"G"类，信息传输、计算机服务和软件业；二是第"M"类，科学研究、技术服务和地质勘查业；三是第"L"类中的 7 450 小类，即租赁和商务服务业中的知识产权服务。参考国内现有研究的做法，本书将年鉴中"G""M""L"三类相加作为高技术服务业的统计数据来源。

产业价值链的进一步分解，促进了辽宁高技术服务市场的发育，市场活力得到增强，产业规模趋于壮大（如图5-7所示）。

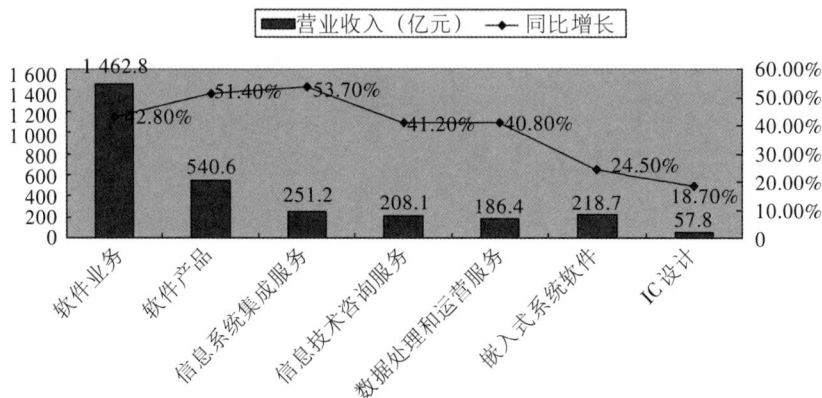

图5-7 2011年辽宁省软件产业分类收入增长情况（单位：亿元）

资料来源：国研网辽宁省统计年鉴数据。

（3）产业集群及骨干企业成长迅速

辽宁省内具有区域影响力和高端品质的产业集群发展迅速，软件与服务外包、生产性服务业、物流及电子商务、金融服务等拥有区位、资源优势的产业聚集区及区内骨干企业正在崛起。国家科技部审批通过的第一批现代服务业产业化基地中，辽宁省获批一项综合性基地——"大连国家现代服务业产业化基地"和一项专业化基地——"沈阳国家现代服务业软件产业化基地"；三家企业获批为第一批现代服务业创新发展示范企业，分别是东软集团股份有限公司、沈阳高新生产力促进中心和大连博涛多媒体技术股份有限公司。预计到2012年年末，大连高新园区的软件和服务外包产业收入将有望突破千亿元大关。

（4）研发投入及技术市场活跃[①]

2011年全年研究与试验发展（R&D）经费支出334.1亿元，比上年增长16.2%。从事科技活动人员22.8万人，其中研究与实验发展（R&D）人员13.1万人。各类科学研究与技术开发机构1 545个，其中政府部门所属科研机构197个，高等院校所属科研机构535个，大中型

① 辽宁省统计局.2011年辽宁省国民经济和社会发展统计公报［N］.辽宁日报，2012-02-19.

工业企业所属科研机构 369 个。全年专利申请 37 142 件，比上年增长 8.6%，其中发明专利申请 14 658 件，增长 48.3%；授权专利 19 176 件，增长 12.2%，其中授权发明专利 3 164 件，增长 34.2%。有 8 项成果获国家科技奖，其中自然科学奖 2 项、技术发明奖 1 项、科技进步奖 5 项；有 267 项成果获省科技进步奖。国家及省级工程技术研究中心 462 个，其中新组建省级工程技术研究中心 50 个。产业技术创新战略联盟 16 个。技术市场成交各类技术合同 1.7 万项，比上年增长 7.7%；技术合同成交额 159.7 亿元，增长 22.2%，见表 5-3。

表 5-3　　　2011 年度辽宁省内的国家级火炬计划项目

项目代码	项目名称	第一承担单位	计划编号
072321002	新雪制剂产品二次开发产业化	辽宁盛生医药集团有限公司	2007GG02001
072321011	数字孵化器信息服务平台	沈阳高新技术产业开发区科技创业服务中心	2007GH51000
082321002	统一威胁管理系统（UTM）	沈阳东软软件股份有限公司	2008GH01011
082321007	高强度聚焦超生肿瘤治疗系统	沈阳长江源科技有限公司	2008GH04012
082321008	大型铸锻件制备过程节能控制技术推广	中国科学院金属研究所	2008GH56012
092321002	2 500 米深井数控往复式潜油电泵装置	沈阳新城石油机械制造有限公司	2009GH05003
092321004	面向日本的软件外包协同开发与工作平台	沈阳鼎立信息技术有限公司	2009GH51004
092321008	冶金成套装备及新材料技术转移服务平台开发与建设	东北大学技术转移中心	2009GH56004
112321007	丹参软胶囊产业化	辽宁盛生医药集团有限公司	2011GH02017
112321010	农药解毒酶产业化	辽宁中科生物工程有限公司	2011GH02017
112321039	辽宁省硅藻土新功能材料产业技术服务平台建设	辽宁生产力促进中心	2011GH55020

5.2.2 战略环境因素分析

高技术服务业是知识和技术密集的产业，其发展明显不同于外资为主、出口推动的制造业，创新、创意是高技术服务业发展的主要推动力，这就决定了高技术服务业具有鲜明的内生性增长的特点。而人才资源则是该产业培育、发展并形成竞争力的关键要素。辽宁省是东北地区经济发展的"火车头"，在2005年至2007年连续三年的全国各地区人才资源综合实力排名中一直稳居第8名，与北京、广东、上海、江苏、浙江、山东、天津一起形成了人才竞争力的第一梯队[1]。北京、上海、广东、江苏等地区经济文化基础扎实、高校科研机构云集，因此在人才资源方面拥有得天独厚的本地优势与吸引力。辽宁省凭借老工业基地的功底与推进战略性新兴产业的政策利好，区域人才竞争力大大增强，人才队伍建设也取得喜人成果。从战略视角分析，辽宁省发展高技术服务业所需的人才资源必须通过扎实而有效的战略措施提供和获得，本部分将通过SWOT分析法对辽宁省高技术服务业提高人才综合实力与外部竞争力的战略态势进行探讨。

（1）人力资源开发内部优势

①经济基础厚实

辽宁省作为中国工业崛起的摇篮，被誉为"共和国长子""东方鲁尔"。2011年辽宁省经济保持平稳较快增长，GDP突破2万亿元，达到22 025.9亿元，按可比价格计算，比上年增长12.1%，增幅高于全国平均水平2.9个百分点，实现了"十二五"经济社会发展的良好开局，经济总量稳居全国第7位。最新资料显示，2012年前三季度辽宁省城镇居民人均可支配收入17 378元，同比增长14%；在已经公布该数据的28个省份中，辽宁总额排名第9位，增速排名第5位[2]。厚实的经济基础使得辽宁省成为东北地区人才聚集的目标地，沈阳、大连、鞍山等城市更是成为国内人才流动的选择。

① 潘晨光.中国人才发展报告（2011）[M].北京：科学文献出版社，2011：69.
② 孟畅.国内居民收入差距已收缩到拐点区 [N].华商晨报，2012-11-20.

②区位优势显著

辽宁省位于东北地区的最南端，南濒渤海与黄海，背幅广袤的工业腹地，沿海城市众多，港口密集，交通发达，公路密度居全国之首，是我国东北唯一的沿海省份，也是我国近代开埠最早的省份之一，也是中华民族和中华文明的发源地之一。辽宁省是东北地区通往关内的交通要道，是东北经济区和环渤海经济区的重要结合部；历史悠久、生态宜居的辽宁省作为东北唯一既沿海又沿边的省份，在人才竞争方面拥有相当的区位优势。

③产业集群优势

随着振兴东北老工业基地战略的实施，辽宁省及省内各城市的竞争力不断增强，装备制造等原有优势产业在改造升级后焕发新的活力，物流、软件和服务外包等新兴产业得以迅速发展并形成产业集群。作为新中国工业的"辽老大"，辽宁省已经形成了以重化工业为主体、工业门类齐全、基础比较雄厚的工业体系，这为包括高技术服务业在内的现代服务业发展奠定了良好的基础，并且随着产业结构的进一步优化升级、技术进步和专业化分工，省内先进装备制造业、新材料工业、生物医药产业等更加需要服务业的支撑与合作，各产业集聚之间的契合将大大加强。目前，辽宁省已成为金融保险服务业、信息传输服务业、软件业、服务外包业、生产研发服务业、商务服务业等高技术服务业的密集地区。这些优势产业集群及集群内优势企业具有极大的人才吸引力，能够产生集群辐射的马太效应。

④教育资源优势

辽宁省在东北地区是高校及研究院所最聚集的省区。省内共有高职（专科）院校41所，中等职业学校501所，普通高等学校83所（其中，中央部委所属高校5所，省属高校49所，市属高校16所，民办高校13所）。全省普通高校拥有博士点320个，硕士点1 291个，博士后流动站73个，两院院士20人，国家级重点学科一级7个，国家重点实验室12个，国家工程研究中心18个。全省独立设置成人高等学校24所，普通高等学校举办的成人教育机构57所，成人中等专业学校1所，各级各类民办学校和教育机构9 449所。[①]职业技能教育、高等教育与科研机构、社会及企业培训机构"三位一体",为辽宁省高技术服务业人才的内生培养提供了肥沃的土壤。

（2）人力资源开发内部劣势

①服务业发展的基础薄弱

作为传统的工业大省,重化工业和装备制造业依然是辽宁省国民经济的主要构成部分,服务业占地区生产总值的比重、就业结构的比重以及产出比重等主要指标与国内发达省市相比依然偏低。服务业在规模和质量上,显得相对薄弱,与全省工业化、国际化的发展要求尚存差距。产业的发展水平即为人才施展的平台,因此较之服务业发展历史悠久、水平较高的地区,辽宁省在服务业人才竞争方面实力欠佳。

②人才资源整体水平不高

作为人才资源的供给基础,辽宁省人才队伍的整体素质偏低。表5-4的数据显示,虽然辽宁省在综合实力指数排名中稳居第8位,但是辽宁省的综合实力指数分值一直低于0.1。2007年辽宁省的指数分值为0.09,而排在前面的7个省市的综合实力指数分值都在0.11以上。从分项指标来看,辽宁省2007年基础人力资源指数分值为0.0489,排名第一的广东省为0.1220;研发实力指数分值为0.0237,排名第一的北京市为0.9404;科技效能指数分值为0.0250,排名第一的北京市为0.4408。相比之下,辽宁省的人才资源基础偏差。高端人才、领军人才及团队匮乏,既熟悉技术又精通管理的复合型人才短缺。

③企业规模偏小,管理落后

高技术服务业的从业人员一般为高素质人才,此类人才特别注重工作中个人价值的实现与工作中心理、精神需求的满足。辽宁省高技术服务业企业中,大部分为中小企业,甚至微型企业。这些企业受到自身规模及管理经验的限制,人才管理水平与方法相对落后,不能满足该行业高素质人才的要求,从而造成人才使用效率低下及人才流失率居高。

---

① 佚名.辽宁省教育事业发展概况［EB/OL］.［2020-03-15］. http://www.lnen.cn/secpage.htm? actionType =viewjsp&id =3547.

④城市综合实力与工作生活环境欠佳

人才，尤其是高端人才，选择工作不仅仅依据薪酬与职位，其对工作环境的综合水平要求更高，包括生活条件与人文环境等硬件与软件。与国内发达省区相比，辽宁省城市综合实力以及与工作、生活相关的环境因素，如城市建设、教育卫生、国际化交流、文化艺术氛围等条件相对薄弱。根据中国香港"中国城市竞争力研究会"发布的《2011中国最具竞争力100强城市排行榜》，辽宁省仅有大连（第15位）、沈阳（第19位）和鞍山（第81位）三个城市入围，且得分情况与上海、北京、深圳、广州、苏州等国内一线城市相差甚远。与同层次城市比较，大连落后于青岛（第14位）之后，沈阳落后于成都（第18位）之后。作为吸引人才的平台，城市综合实力的提升是辽宁省亟待改善的问题。

（3）人力资源开发外部机遇

①国际服务产业转移趋势

辽宁省坐拥东北地区口岸省份的地理优势成为东北亚承接服务转移的前沿，软件外包、研发服务等产业发展迅猛，为辽宁省在更高层次上承接国际产业转移，发展高技术服务业，参与国际竞争提供了良好机遇。随着城市居民消费结构不断升级，信息服务已经渗透到政府事务、社区服务、医疗卫生、科技教育、休闲娱乐、交通出行等经济社会生活的方方面面。产业发展的美好蓝图必将增强对人才的吸引力。

②高技术服务业战略地位确定

2007年7月，国家发改委发布的《高技术产业发展"十一五"规划》将高技术服务业作为重点发展的八大产业之一。2010年5月，国家发改委向14个省市发改委（包括辽宁省及大连市）下发了《关于当前推进高技术服务业发展的有关工作的通知》。2011年12月，国务院办公厅下发了《关于加快发展高技术服务业的指导意见》，进一步明确了作为战略性新兴产业的高技术服务业在"十二五"期间的发展目标、重点任务及政策措施等重要内容。高技术服务业既是战略性新兴产业之一，同时又为其他产业发展提供支撑与保障，其战略地位在"十二五"规划中得以确定，这为产业发展指明了方向与目标。产业地位的确定必将为人才战略的部署争取更多的资源与机会。

③区域经济焕发生机

2003年，党中央、国务院从全面建设小康社会出发，作出了实施振兴东北地区等老工业基地的重大决策。2009年7月1日，《辽宁沿海经济带发展规划》获得国务院批准，辽宁沿海作为整体开发区域被纳入国家战略。通过实施沈阳经济区一体化、建设沿海经济带、突破辽西北等三大战略，辽宁将全省14市全部纳入重点发展板块，形成了多点支撑、多点发力的好局面，开辟了未来发展空间的辽阔"蓝海"[①]。《东北振兴"十二五"规划》的颁布更是为区域经济增添生机，为人才提供了大施拳脚的舞台，将吸引更多有理想、有能力的人来到辽宁。

（4）人力资源开发外部挑战

①国内发达省区优势明显

很多国内发达省区，如北京、上海、深圳、江苏、浙江、广东等，已将包括高技术服务业在内的现代服务业作为推动区域经济发展与产业升级的支撑、战略产业，并且已经制定了产业发展规划、出台了促进产业发展及人才集聚的优惠政策。这些省区在经济、文化、科技、教育以及人居环境等方面都有强大的吸引力，与之相比，辽宁省必须明确自身特点和定位，抓住机会加速发展，否则差距可能越来越大。

②产业及企业的竞争力弱

与国内发达地区相比，辽宁省的高技术服务业产品技术附加值偏低、企业规模普遍偏小，产品的利润空间有限、企业家及企业内部管理水平有限，这使得人才即使来到企业，也很难留住。在吸引人才的同时，如何提高企业的人力资源管理水平以保留人才、用好人才，是当下辽宁高技术服务企业急需解决的问题。

③产业与人才政策及产业促进组织缺乏

从其他省区的情况来看，北京市、重庆市、青岛市相继颁布了"十二五"期间高技术服务业的发展规划。而辽宁省尚未出台明确的高技术服务业发展规划，新兴业态发展的产业促进政策也尚未系统化，产业协会等中间组织机构的职能作用也需要进一步提升。在人才政策方面，北

---

① 何勇."东北现象"失落辽宁人的十年嬗变［N］. 人民日报，2012-08-07.

京、上海这些拥有绝对人才竞争优势的城市地区依然大力度地提出建设"人才高地""人才特区"的目标，并推出了针对国内外高端人才的政策措施。相比之下，辽宁省在产业发展及人才吸引方面的政策竞争力比较薄弱。

④专业化集群发展模式尚未推广

高技术服务业的发展具有集聚性的特点，需要依托信息、人才以及科技基础设施等外部环境要素。目前辽宁已经出现了若干高技术服务业的集聚区，如大连软件园、大连高新园区、沈阳东大软件园、沈阳国际软件园等专业园区，但是园区的基础建设、服务平台及企业品质仍需改善。不仅需要满足大量中小高技术服务业对产业集聚区和公共服务平台的需求，同时也需要关注高技术服务业人才对文化生活、社区环境等方面的要求。而且除大连、沈阳外，其他城市的高技术服务业在专业化、集群化方面相对落后，人才基础欠佳，人才竞争的软实力较差。

5.2.3 多主体人力资源开发现状及问题

辽宁省作为工业大省，扎实的产业基础也为新兴产业的成长提供了优质的土壤，其中也包括人才资源的供给。因此在全国来看，辽宁省的人才资源综合实力和人才竞争力还是处于前列的，在高技术服务业人才开发与吸引方面已经取得了一定的成果。鉴于软件与信息服务业是辽宁省高技术服务业的支柱与优势领域，本部分以软件与信息服务业为例对辽宁省内政府、大学及企业在高技术服务业人力资源开发方面的措施现状进行分析，特别是重点产业聚集城市——沈阳与大连。

（1）政府实施的人力资源开发

①提升整体人力资源的综合实力

高技术服务业既是技术密集型产业、又是智力密集型产业，人才的数量和质量是该产业发展并形成竞争力的关键因素，而区域整体人才资源状况又是该产业人才队伍开发与建设的基础。《中国人才发展报告（2011）》的分报告《中国各省人才资源综合实力分析及比较》中，对我国31个省（自治区、直辖市）的人力资源综合实力情况进行了实证分析，将基础人力资本指标、研发实力指标和科技效能指标相结合计算得出了各地区人才资源综合实力指数①。该研究的数据显示，2005—2007年，辽宁省的人才资源综合实力稳居全国第8位，位居其前的是北京、广东、上海、江苏、浙江、山东和天津，与其他省市比具有绝对领先的优势。不过，虽然位列第一梯队，但辽宁省与领先省市相比差距明显，尤其是在科技效能指数上的排名欠佳。

表5-4　2005—2007年全国各地区人才资源综合实力指数排名（前8位）

排名	地区	2005年人才资源综合实力指数	地区	2006年人才资源综合实力指数	地区	2007年人才资源综合实力指数
1	北京市	0.5986	北京市	0.5912	北京市	0.5739
2	广东省	0.2841	广东省	0.2680	上海市	0.2721
3	上海市	0.2314	上海市	0.2640	广东省	0.2577
4	江苏省	0.1676	江苏省	0.1730	江苏省	0.1903
5	浙江省	0.1282	浙江省	0.1537	浙江省	0.1558
6	山东省	0.1024	天津市	0.1125	山东省	0.1155
7	天津市	0.0963	山东省	0.1083	天津市	0.1152
8	辽宁省	0.0858	辽宁省	0.0847	辽宁省	0.0900

资料来源：潘晨光.中国人才发展报告（2011）[M].北京：社会科学文献出版社，2011：23-74.

②产业人才开发的数量增长

2005年以前，软件及信息服务业人才主要聚集在以北京、上海、深圳、广州为中心的城市带。随着其他地区该产业的迅速发展及产业环境的优化，加之发达城市人员成本上升等因素，目前包括沈阳、大连在内的二线城市及地区人才吸引力逐步增强。2011年年底全省从事服务外包的企业已经超过1 200家，从业人员超过16万人。沈阳软件服务业从业人员数量增长迅猛，2011年增速超过40%，总数超过15万人。作为省内第一产业集群的大连高新园区，园区企业达到960家，从业人员突破10万人，20余家企业提出了万人发展计划。

③人才政策与服务灵活多样

尽管辽宁省与北京、上海、深圳相比在区域综合实力与高等教育资源方面存在差距，但老工业基地振兴的经济利好、毗邻日韩的东北亚地

① 潘晨光.中国人才发展报告（2011）[M].北京：社会科学文献出版社，2011：23-74.

缘优势及吸引人才政策等综合因素结合在一起，吸引了大批高素质人才。辽宁省的人才吸引政策在原有奖励政策、财政税收优惠政策与资金支持的基础上，特别注重国内高端人才与海外人才的吸引。除"千人计划"等国家级引才平台外，辽宁省及省内重点城市还实施了"十百千高端人才引进工程""海创工程""5511工程①"等专项人才引进项目。省委组织部和省人事厅联合下发了《关于进一步加强高级专家部队建设的意见》，规定吸引高级专家到事业单位工作的不受编制、干部职数限制，工资待遇放开。沈阳市委书记曾维曾亲自带领176家企事业单位进京揽才，吸引了6名院士，148名博士，628名硕士等一批高端人才。每年6月在大连举行的"中国海外学子创业周"（简称"海创周"）已经成为品牌性海外人才盛会，在吸引大批留学人员归国创业的同时，也提升了辽宁在国内外的知名度和影响力。从2000年开始，来辽宁就业和投资创业的人才呈逐年增多趋势，以大连高新园区为例，近年来外埠来高新园区就业的人才每年以25%的速度快速增长②。辽宁省还大力加强高端人才服务业建设。省政府每年投入2亿元，用于支持引进海外研发团队；对新从外省引进或者本省培养出1名院士的单位，省政府给予1亿元的奖励；对引进长江学者特聘教授的单位给予500万元奖励③。

（2）大学实施的人力资源开发

辽宁省共有高校87所，其中近半数高校设有计算机和相关专业，东北大学、大连理工大学，被列入国家级示范软件学院，辽宁信息职业技术学院、沈阳职业技术学院、东软信息学院被列入国家级示范高级职业培训学校，这些高校具备了较完备的专业人才培养条件。除高等院校外，社会培训机构在高技能人才培养方面的作用日益突出。订单式培养、产学研一体化、校企联合培养等多元化培训模式满足企业对不同层次人才的需求。大连市针对日语软件人才的产业需求在全国首开外语大

---

① 大连市自2012年起实施的高端人才"5511"工程是指：力争用5年时间，使在连工作的两院院士达到50名左右，适合大连市经济社会发展需要、学术技术水平领先、业内广泛认可的领军人才达到500名左右，引进海外高层次人才100名左右，由海外学子、博士、博士后等中青年专业技术骨干组成的后备领军人才达到1 000名左右。

② 新华网.2012中国海创周以签约23.3亿元圆满落幕［EB/OL］.［2020-03-15］. http：//news.xinhuanet.com/hr/ 2012-07/02/c _123356565.htm.

③ 新华网.辽宁省出台新政策支持人才服务业发展［EB/OL］.［2020-03-15］. http：//news.xinhuanet.com/edu/ 2012-10/01/c _ 123783955.htm.

学创办软件学院的先河，并且创建了国内第一家软件高级经理人学院培养高端管理人才。同时，产业园区、行业协会等机构与政府为企业提供人力资源开发的相关服务，包括招聘、培训、劳务派遣等诸多内容。

图5-8为19个城市软件服务业教育资源情况。图5-9为19个城市所属37所国家示范性软件学院在校生统计情况。

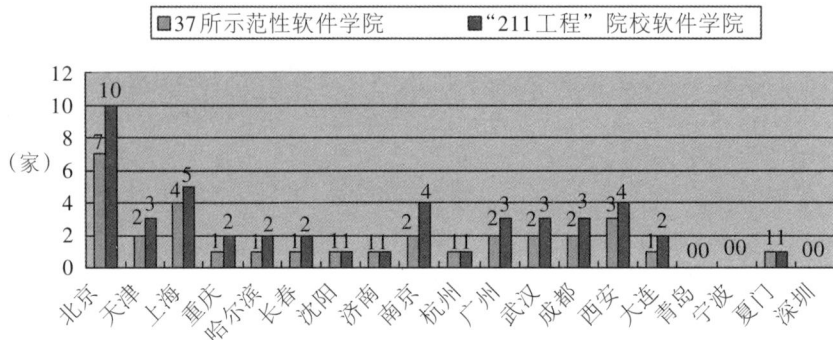

图5-8　19个城市软件服务业教育资源情况

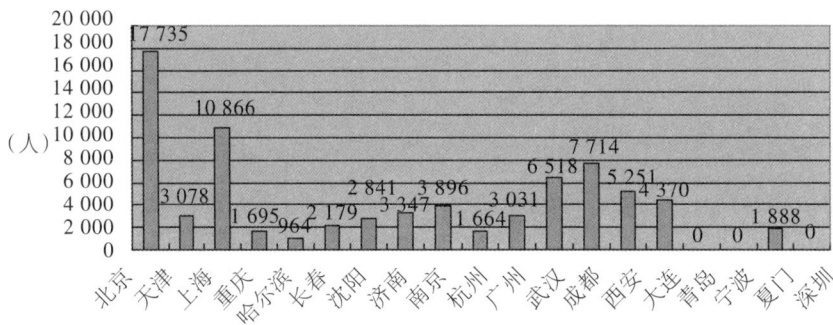

图5-9　19个城市所属37所国家示范性软件学院在校生统计

资料来源：洪京一.中国软件和信息服务业发展报告2012［M］.北京：社会科学文献出版社，2012：207.

（3）企业实施的人力资源开发

与传统服务业相比，高技术服务业对人才素质的要求更高，企业也根据自身人才需求实施相应的招聘、筛选与培养。辽宁省高技术服务企业的员工队伍中硕士及博士学历所占比重逐年增加，研发人员比例也在增加。数据显示，2009年全国20家软件园从业人员中，拥有本硕博学历的占66.01%。其中大连软件园从业人员学历中本硕博的比例占

84.34%，位列第 2 名；研发人员比例为 52.98%，位列第 6 名。企业整体的规模实力也显著增强，重点企业的人力资源开发与管理水平大大提高，东软集团率先通过了 PCMM-5 认证，标志着企业的人力资源管理水平已达到行业领先的国际标准。

图 5-10 及图 5-11 分别为 2009 年 20 家软件园从业人员本硕博比例对比及研究人员占从业人员比例对比。

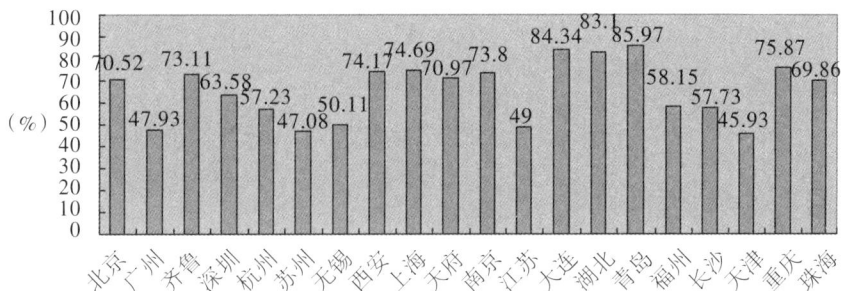

图 5-10　2009 年 20 家软件园从业人员本硕博比例对比

资料来源：李颖. 中国软件和信息服务业发展报告 2011［M］. 北京：社会科学文献出版社，2011：153.

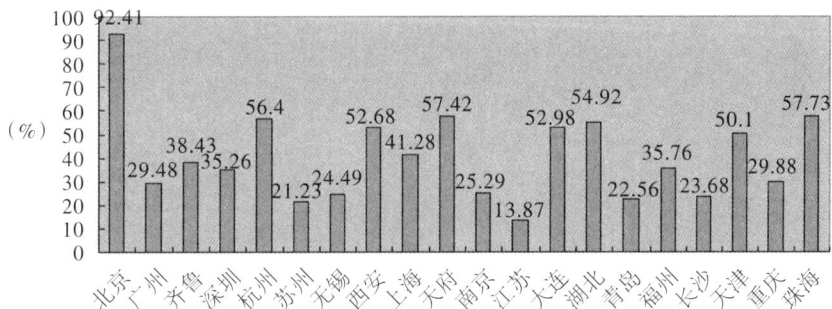

图 5-11　2009 年 20 家软件园研发人员占从业人员比例对比

资料来源：李颖. 中国软件和信息服务业发展报告 2011［M］. 北京：社会科学文献出版社，2011：154.

（4）高技术服务业人力资源开发问题分析

在良好的发展形势下，约束产业的人才瓶颈也日益突出。根据第 3 章所分析的人力资源开发主体行为博弈过程，结合辽宁省高技术服务业人力资源开发现状，主体之间博弈的消极结果体现得非常充分。具体表现在以下几方面：

第一，政府与大学、企业之间的矛盾。从产业特征看，高技术服务业是知识密集型产业，其对从业人员的专业技能、综合素质的要求普遍较高；而从我国及辽宁省的高技术服务业发展现状看，目前的高技术服务业主要承担国际产业链的下游环节且发展迅猛，因此又具有劳动密集型产业的特点，急需大量掌握专业技能的从业人员。近几年，高校培养和职业教育的发展虽然使辽宁省高技术服务业的人才数量缺口有所缓解，但由于产业发展异常迅速，因而人才供给的缺口还很明显。而根据《2010—2020年辽宁省人才发展规划》，辽宁省计划到2020年，"在先进装备制造、新能源、新材料、电子信息、节能环保、海洋、生物育种、高技术服务业等经济重点领域培养开发急需紧缺专门人才30多万人；现代服务业人才总量达到36.8万人，其中具有大学本科以上学历的占40%左右"。这样的总量短缺问题，一方面是由于产业自身发展造成的，另一方面也与政府对大学、企业人力资源开发的支持与激励力度不足有关。政府对职业技能教育方面的重视不够，所采用的方法也还是偏重直接投资的方式而不是市场引导的方式，所以效果并不理想。根据李向前等的研究结果，政府在人力资本方面的直接投资不但不对区域经济产生积极作用，反而会对经济综合竞争力产生一定程度的负面影响[①]。

第二，大学与企业之间的矛盾。在总量不足的同时，结构不合理的问题依然鲜明，"橄榄型"的人才结构未能得到有效改善。一方面，基层人才的实践能力较差，企业不得不为此投入巨大的后续培训成本。另一方面，行业高端技术人才与管理人才极其匮乏，既懂技术又能管理的复合型人才更是稀少；既缺乏掌握核心技术、具备创新能力与前瞻视野的技术领军者，又缺乏熟悉客户语言和文化背景、精通国际规则、具有国际市场开拓能力的高端管理人才。此问题的另一个侧面，表现为劳动力市场上"就业难"与"用工荒"的两难困境，而直接原因就是大学与企业之间在人力资源开发问题上的不对接与不合作。双方之所以不合作，一是缺乏合作的平台，二是缺少合作的激励。中间组织的发展不充

---

① 李向前，李东，黄莉.我国区域人力资本投资主体结构与竞争力关系研究［J］. 河南科学，2011（8）：109–114.

分，三方合作机构与组织不发达，双方合作的形式不规范，大学作为合作主体的身份不够独立，这些都是造成人才结构问题的原因。

第三，政府与企业、企业与企业之间的矛盾。在人才问题上，企业一方面面临着高级人才匮乏、人才结构失衡等外部供给问题；另一方面受到自身规模以及管理经验等方面的限制，其人才管理水平和管理方法与该行业的高技术背景及人才队伍素质并不匹配，进而造成人才流失和人才使用效率低下。如此一来，不仅企业自身的竞争实力被严重削弱，政府及相关机构此前在人才培养方面所付出的努力也被大大抵消。优势企业与中小企业之间的差距较大，双方陷入"智猪博弈"，小企业缺乏人才开发的动力而专注于人才的引进。由此导致人才的流动性过大，大企业的人才开发意愿与投入也因此受到伤害。因此，多层面的人力资源开发必须均衡，否则整个系统的收益与目标都将受损。

5.3 高技术服务业多主体协同人力资源开发体系设计

从人才要素入手突破高技术服务业的发展瓶颈，进而培育产业的核心竞争优势，对于习惯了通过物质资本投资引导和拉动产业发展的我国政府和企业，不失为"四两拨千斤"之举。在这一过程中，各级政府、大学、企业以及产业中间组织应协调一致，实现人才规划、培养、使用、激励的科学机制与积极环境，从而为高技术服务业提供可持续的智力支持。依据前文人力资源开发多主体博弈及合作演化模型，结合高技术服务业及辽宁省的具体特点，本部分为辽宁省高技术服务业设计了人力资源开发多主体协同体系，包括政府层面、大学层面、企业层面以及中间组织层面，并对各层次的重点和策略突破问题进行研究。

5.3.1 政府：实践整体性治理

第4章的演化博弈结论指出，政府在人力资源开发的多元主体协作体系中应发挥引导与监督的作用，不应该依靠行政指令甚至越俎代庖。因此，各级政府部门应调整自身的角色定位，更多地使用市场手段激励与约束大学与企业的人力资源开发。西方公共管理领域目前主张的"整

体性治理"机制特别符合人力资源开发体系中政府与其他开发主体之间
关系的处理。

（1）整体性治理的治理结构与机制

整体性治理（Holistic Governance）是一种强调"问题的解决"为
政府活动逻辑起点的公共治理方式[①]。该治理方式是合作理论与整体主
义思维方式在政府公共管理模式的新应用，旨在解决公共行政管理的
"碎片化"问题。该治理模式中，政府与各相关利益主体之间形成网络
组织关系，通过广泛地沟通、协商和谈判实现相互协作、相互认同，整
合各方的专有资源与比较优势。通过整合性治理，政府与大学、企业等
其他主体之间克服了行政科层管理的刻板江湖与自由市场管理的无序随
意，形成兼具两者优点的合作最高境界（见表5-5）。在该治理过程中，
政府只是作为行动者之一，并没有绝对权力和权威支配其他行动者的行
为。各组织站在同一水平线上，各方理性、利益和策略都不相同甚至相
互冲突，通过整体性治理实现"关键性整合"[②]。

表5-5 **整体性治理的特点与比较**

	传统官僚制	新公共管理	整体性治理
时期	1980年以前	1980—2000年	2000年以后
管理理念	公共部门形态的管理	私人部门形态的管理	公私合伙/央地结合
运作原则	功能性分工	政府功能部分整合	政府整合性运作
组织形态	层级节制	直接专业管理	网络式服务
核心关怀	依法行政	运作标准/绩效指标	网络式服务
成果检验	注重投入	注重产出	注重结果
权力运作	集权	分权	扩大授权
财务运作	公务预算	竞争	整合型预算
文官规范	法律规范	纪律与节约	公务伦理/价值
运作资源	大量运用人力	信息科技	网络治理
政府服务项目	政府提供大量服务	强化中央政府掌舵能力	政府整合解决公众生活问题
时代特征	政府运作的逐步摸索改进	政府引入竞争机制	政府制度与公众需求高度整合

资料来源：彭锦鹏.全观性治理：理论与制度化策略［J］.政治科学论丛（台湾），2005（23）.

① 胡象明，唐波勇.整体性治理：公共管理的新范式［J］.华中师范大学学报（人文社会科学版），2010，49（1）：11-15.
② 鄞益奋.网络治理：公共管理的新框架［J］.公共管理学报，2007（1）：94-101，131.

实现政府人力资源开发管理机制从传统行政官僚机制到整体性治理的转变，有助于提高整个人力资源开发体系的协同性，形成多元主体参与、多中心协同合作的良性互动。该体系强调治理整体的多元性、治理权威的多样性、子系统的协作性、系统的动态性、组织的协调性和社会秩序的稳定性[①]。而治理机制的构建包括协调机制、整合机制与信任机制，其中信任机制是整体性治理的基础，协调机制与整合机制是实现路径。整体性治理所实现的多元主体间的合作与协同能够消除相互之间的隔阂，以最低的成本实现各方共同的长远、根本利益，从而对公共管理与公共政策产生协同增效的功能。

（2）整体性治理的措施设计

政府在实施人力资源开发时应引进整体性治理新范式，聚合政府以外的大学、企业、中间组织等其他人力资源开发主体，实现制度化、经常化和有效的"跨界"合作。具体措施设计如下：

①制定明确的人力资源开发目标与战略

目前，辽宁省对高技术服务业人力资源开发的战略规划和目标相对模糊，缺乏详细的指标和实施方案，战略设计内容相对笼统、难以执行到位，影响了人力资源开发战略的实施。面对国内发达省区及周边省区的人才竞争，辽宁省应扬长避短，利用好现有的资源条件实行错位竞争，如进一步强化在日韩市场的竞争优势、与装备制造业相结合、注重人才的自身培养等。政府应从宏观经济及产业整体角度设定人力资源开发的目标并制定战略，人力资源开发战略应既包含指导性的原则规定也包含具体实施的计划步骤。作为宏观经济的领导者与决策者，政府应注重目标与计划的引导性与可行性，并设计监督与约束的关键事件与时间，为战略的实施与目标的实现保驾护航。对于战略目标的执行与实现情况要进行评价，确保政策资金与工具真正发挥作用。比如针对技能培训问题，很多省区都在尝试的"个人账户"制度就很值得推广，该方式将政府以往的"暗补"转换为"明补"，而且能够实现个人的个性需求选择与满足，使得资金使用的效率与质量都大大提高。

---

① 刘伟忠，张宇.我国协同治理理论研究：现状与未来趋向 [J]. 城市问题，2012（5）：81-85.

②优化整合政策体系

作为新兴产业,高技术服务业的发展需要产业政策的扶植与引导。国务院、各相关部委及地方政府近几年发布的相关政策主要包括财税、投融资、人力资源、企业扶持及公共服务体系五大方面,其中人力资源开发政策的重点依然在于人才培养与引进,同时开始关注人才使用与保留。为确保各项政策能够落到实处、发挥实效,建议各级政府与产业园区应建立协同分工机制,从宏观、中观、微观不同层面发挥各自作用,并保持目标统一、步骤一致。在人才政策的设计内容中,除了传统的财政投入、专项奖励、企业及个人的税收优惠等形式,应着力结合产业发展规划有重点、高标准地选择受益对象。结合项目、团队、园区推行各项产业及人才政策,加大政策宣传力度并监督成果落实,实施政策的项目管理制度,确保政策"不落空""不浪费"。辽宁省还应根据自身特点与竞争环境设计有区别、有特色的人力资源开发政策,与周边区域及发达省区错位竞争,见表5-6。

表5-6　　　　　　各级政府不同层次人才政策的侧重点

具体目标	中央政府	地方政府	产业园区
人才成本	完善社会保障体系;引导公平竞争	人才奖励;税收优惠	形成公平竞争的氛围
人才引进	海外人才引进	支持地方性职业培训教育;就业引导	高层次人才培训和引进
人才培养	高等教育培养;推广职业教育	职业人才培训与测评;鼓励资质认证	提供人才服务
人才使用	行业资格认证	加强行业约束与引导;组建行业协会、职业工会	搜集数据、提供相关服务
人才环境	产业扶持与环境优化;完善法规和监管体系	地方发展规划引导;城市品牌推广	优化园区硬件条件;营造良好工作氛围

③尝试"人才管理改革试验区"

2010年5月，《国家中长期人才发展规划纲要（2010—2020年）》中提出了"人才管理改革试验区"的概念，鼓励地方和行业结合自身实际建立与国际人才管理体系接轨的"人才工作特殊区域"，或称"人才特区"。目前，上海、北京、深圳、江苏、武汉等省市已经提出建设"人才特区"的目标并开始着手尝试。人才特区的建设旨在以超常规的气魄，采取重点突破、带动全局的方式，实施重点发展、重点投入，在不同的所有制、区域、行业和学科，搭建一流舞台、创造一流条件、营造一流环境，形成人才开发相对优势和人才聚集格局，集聚和培养一批高层次创新创业人才、高级管理人才和高技能人才集群，充分发挥人才管理改革试验区的示范、带动和辐射作用，统筹推进人才资源的整体开发，造就一批有国际国内竞争力的企业，为经济社会发展提供强有力的人才支持①。辽宁省可以结合高技术服务业现有产业聚集地、园区，尝试实施园区型人才管理改革试验区和专业型人才管理改革试验区，北京中关村人才特区、江苏省"江苏人才高峰行动计划"都是可以参考的经验。

④建立良好的激励机制与评估机制

在人力资源开发实施中，对多元主体的引导与协调也可通过适度的激励机制实现。比如对于社会培训机构，应通过有针对性的社会培训项目、技能提升计划将政府对产业人才开发的目标与培训机构的盈利目的结合起来，通过项目补贴的形式激励此类机构配合与支持政府的人才开发计划。同时也应建立对过程与结果的监督与评价制度。没有评估就没有管理，人力资源开发的成本、效益及最终价值应该受到公开监督。而目前政府还是将主要精力放在计划制订上，对于计划的实施监控关注较少。美国政府在实施人力资本战略时，对所有相关部门的工作效果与目标实现都进行年度评估，并设计了相应的奖励与惩罚措施。此做法非常值得借鉴。

---

① 潘晨光，陈学强.建设人才管理改革试验区的实践经验及建议［J］.//中国人才发展报告2011［M］.北京：社会科学文献出版社，2011：252.

⑤运用市场机制吸引高端人才

在现代社会，由于高级人才的稀缺和对人才价值认识的回归，高级人才已经成为企业、地区以及世界各国竞相追逐和猎夺的重点对象。为了打赢"人才战"，各地方政府相继出台了相关政策吸引优秀人才，支持高层次人才引进工作，如无锡的530计划、北京海外人才聚集工程、深圳的"孔雀计划"、重庆引进海外高层次人才享受优惠政策等。"高端产业凝聚高端人才"，辽宁应以信息服务业、生产研发服务业等现有优势高技术服务业为核心，以"千人计划"为龙头，加大对高水平研发人才、高技能生产人才和高层次管理人才的培养。人才引进的措施应使用更加专业化、市场化的渠道和工具，作为高端人才"专业捕手"的猎头公司则可成为政府在区域人才竞争中的助手和拍档。政府猎头是猎头服务的类型之一，主要是指以政府为主体、依照国家或区域人才战略的部署和要求，委托各类猎头公司搜寻、甄别和吸纳高级人才的实践过程。代表国家实施全球猎头行动的，更是被称为"国家猎头"。从实践的效果看，政府猎头行动扩大了人才配置的视野，发掘了更多的高端人才，促进了高端人才跨地区、跨系统、跨部门、跨所有制的交流，同时也对本土特别是当地猎头行业的发展起到了示范、引导作用。通过政府充当猎头角色，或是借助专业猎头公司寻访高端人才，能够提高人才获取的成功率，应考虑作为常规工作内容和工作方式积极推进。

⑥推广政产学研一体化合作

目前，高等教育和培训市场培养的人才与企业用人期望之间还是存在差距的，其作为新员工进入企业后仍需要较长的培训时间和较高的培训成本。相比之下，印度、爱尔兰、以色列等国在培养学生的实践能力、独创精神、团队意识方面更胜一筹。在爱尔兰，与信息技术相关的学位如软件专业，其学生第三学年一整年都在生产一线实习，第四学年则开始承担独立设计，进而使得毕业生具备较好的实际工作经验和项目执行能力。之所以能够做到如此，除了需要高等院校、培训机构在课程设置、培养方式上做出调整之外，更需要实现"政、产、学、研"四位一体的紧密合作，搭建集成化的人才培养链条。因此，建议在现有实训基地、产业园区的基础上，利用沈阳、大连等高校、科研院所集中的城市地区作为试点促进政府、企业与科研机构的深入、紧密合作，实现人才培养与成果转化的相互衔接。爱尔兰西部的利墨瑞克大学与国家科技园的合作模式可供借鉴。

职业培训是提高劳动者技能水平和就业创业能力的主要途径。与高等教育相比，职业培训的目标是培养产业需求的低端人才，即高技能"蓝领"。以软件、服务外包为代表的高技术服务业迅猛发展引发的人才需求，催生了社会培训机构市场的蓬勃发展。秉承"订单式培养"的培训机构贴近企业、切近市场，其服务项目、形式显示出较好的灵活性、实践性。但是，这些培训机构的资质良莠不齐，过分追求经济利益的特点使其对市场、产业缺乏战略性的关注。而且，"草根"培训机构的培训资质限制了其培训结果的权威度、认可度，不利于人才、企业与国内国际市场的对接。目前，微软、IBM、SAP、Oracle、思科等公司在国内一线城市建立了认证中心，建议重点吸引一批跨国公司、国内外著名培训组织来辽宁省建立专业培训机构、研发中心，培养急需的高技术服务业专业人才，加强专业技术人员从业资质管理。提高技能培训的专业化、规范化水平；推行职业资格认证制度，通过培训机构的资质与项目认证强化人才的技能资质水平，实现人才能力的市场接轨、行业接轨、国际接轨。2010年中国十大品牌IT培训机构见表5-7。IT行业的权威培训项目及认证见表5-8。

表5-7　　　　　　　　2010年中国十大品牌IT培训机构

排名	机构名称	总部地址
1	北大青鸟APTECH	北京
2	成都银河教育中心	成都
3	清华万博	北京
4	西安野马计算机培训学校	西安
5	凌阳教育	北京
6	安博亚威	北京
7	港湾教育	北京
8	东方瑞通	北京
9	OPENLAB	上海
10	兰赛普学院	上海

表5-8 　　　　　　　　IT行业的权威培训项目及认证

专业领域	认证项目	认证企业	国内认证机构
系统编程	MCSD认证	Microsoft	
网络工程	Cisco认证	Cisco	Ccna培训
信息技术与信息系统	Novell认证	Novell	
软件研发	Java认证	Sun	SCJP培训
数据库	Oracle认证	Oracle	
软件应用	SAPR/3认证	SAP	
多媒体与图像处理	Macromedia认证	Macromedia	
多媒体与图像处理	Adobe认证	Adobe	ACTC培训

资料来源：佚名. 搜狐2010中国教育总评榜［EB/OL］.［2020-03-11］. http://learning.sohu.com/s2010/6362/s277778672/index.shtml.

⑦完善服务平台，优化人文环境

尽管辽宁省的区域及城市的吸引力不断提高，但是与北京、上海、广州、苏州等城市相比，在为人才提供个人发展机遇、满足高端人才对城市功能的多元化需求等方面仍有一定差距，甚至导致了向这些地区的人才流失。因此，建议着力提升城市品牌和文化生活品位，为企业提供符合产业发展需要的人才聚集条件、设施供给条件，形成良好的城市文化环境和行业发展氛围。江苏省无锡市就将人才环境优化工程作为"四大人才工程"之一，建设国际教育社区、国际金融社区、国际生活社区，突出吴越文化的特色与传承，通过全方位提升人居环境吸引和保留人才。辽宁省也是历史悠久、文化底蕴深厚的地区，各城市都有各自在地理、人文、经济方面的禀赋，因此各地区之间应突出特色，实行错位发展，打造具有本地优势的产业品牌，深化分工，加强区域协调，避免各地之间的恶性竞争，打造具有国际知名品牌和影响力的基地城市，带动外包中心城市产业升级和城市建设。

除了规范成熟的跨国公司和大型企业之外，大量新兴的中小企业往往占据了高技术服务业中的大多数。为此，产业的人才战略中应包含对企业人才战略的指导和帮助，如定期发布薪酬指导水平、人才信息、产业数据，提供人力资源服务，主动与高等院所、科研机构建立长期的人才合作机制，形成人才联盟等。解决企业在人力资源方面的后顾之忧，才能让企业完善和落实其人才战略，进而实现企业和产业的发展战略。

苏州工业园区在 2010 年 10 月成立的国科综合数据中心就是很好的尝试，该中心是一个基于云计算的绿色数据中心，能够为园区内甚至苏州市相关企业提供绿色、安全、高效的综合数据平台服务。上海张江高科技园区的张江创新学院开创了国内园区人才实训基地建设的尝试，将实训基地这种针对产业基础人才培养的公共人才服务形式推广开来。2011年，沈阳在国际软件园内建立人才资源联盟，通过互联网面向 100 多家企业共享人力资源信息，引导建立园区内人才流动机制。这些人才服务方式、项目、内容还需进一步精细化、人性化、专业化，通过人才服务平台与制度优化人才环境。

5.3.2　大学：构建创业型大学

演化博弈的结果证明，政府引导下的"大学–企业"合作概率随成本增加而降低、随超额收益增加而增大、随开发实力的增强而提高。传统的教学型、研究型大学在人力资源开发体系中往往由于政府部门的管控而扮演政策执行附属角色，对于人力资源开发的收益也没有分享的途径，因此只是被动地进行知识、技能的教授、传播。这不利于其与代表人才市场需求的企业进行积极、平等的合作。如何将大学作为一个独立、自主的主体，让其主动参与并分享合作收益呢？构建创业型大学的思路为该问题提供了答案。

（1）创业型大学的特征与基本标准

传统的大学使命被定位于"知识的存储与传播"，而 19 世纪末的第一次学术革命将其修改为"教学与研究"，研究型大学自此崛起并建立起自己的学术声誉。20 世纪末，第二次学术革命开始，大学的职能又一次改变，即大学不仅从事教学与研究，还成为促进经济与社会发展的重要阵地[①]，部分研究型大学开始向创业型大学（Entrepreneurial University）转变。与传统的教学、研究型大学相比，创业型大学与企业、政府、专业组织紧密协作，形成创业及创新领域的合作互补关系；在教育与研究方面与产业实际、市场需求紧密衔接，形成实践导向、商

---

① 彭宜新，邹珊刚.从研究到创业——大学职能的演变［J］.自然辩证法研究，2003（4）：49-53.

业运作的知识创造与转移路径。在人才培养与使用方面，创业型大学不仅致力于为产业需求培养更加适用的专业人才，同时将自身拥有的专业教学、科研人才队伍与产业衔接，发挥其更大的价值。王雁、李晓强提出了衡量创业型大学的7项基本标准，见表5-9。

表5-9 创业型大学的7项基本标准

序号	基准名称	基准含义
1	目标定位	以创业、加强国家（地区）的经济发展为目标
2	创业	以发展高科技、实现知识产业化为实现学校发展的手段
3	建立官产学新关系	与政府、产业的关系日益密切，并形成官产学"三螺旋"，在其中发挥核心作用
4	外部互动机制	通过产业研究合作、技术转移、产业扩充与技术协助、创业发展、产业合作教育与训练等形式建立灵活的外部互动机制，积极进行工业合作，促进经济发展
5	资金来源多样	争取补助、合同以筹措经费，并努力开辟其他财源，如从产业获得经费、知识产权收入、学校服务收入等
6	创新的组织结构	主要包括国家实验室、大学-产业合作中心等跨学科组织；孵化器、大学科技园等官产学边界跨越组织；技术转移办公室或授权办公室等技术转移管理机构
7	创业文化	教师评级和晋升方面注重对其中的发明者、企业家以及产业合作者的鼓励，对"学术"采用新的定义。

资料来源：王雁，李晓强.创业型大学的典型特征和基本标准［J］.科学学研究，2011（2）：17-22.

创业型大学以美国著名的麻省理工学院和斯坦福大学为典型代表，现今我国很多高校已逐步注重创业型大学的作用，并积极向创业型大学方向转变。在2005年的"百年复旦，知识杨浦"创业计划大赛颁奖典礼暨创业投资论坛会议上，复旦大学副校长杨玉良表明"如果复旦大学要成为世界一流大学，按照现在大家提出来的概念，就是要创建创业型大学，MIT就是复旦最好的榜样"[①]。福州大学是国内首家明确提出创建创业型大学的高校，其领导者指出"大学不仅要传授知识，而且要培养学生的创业能力；不仅要创造知识，而且要直接参与、服务创业活动"[②]。创业型大学在社会发展中将与国家与地区经济紧密结合，确保大学的人才培养与研究成果能够有效服务于企业和产业，进而提升国家

---

① 陈统奎.复旦：又一次华丽转身［N］.新民周刊，2005-09-23.
② 陈笃彬.正确处理八个关系，建设创业型大学［J］.福州大学学报（哲学社会科学版），2009（4）：16-20.

的创新能力与竞争力。

（2）创业型大学的实践路径设计

创业型大学兼具教育、知识创造与经济发展三项功能使命，能够更好地服务企业、服务产业、服务社会，边界的模糊性更能整合人力资源开发的多元主体需求。因此，探索辽宁一流高校从研究型大学向创业型大学的转型对高技术服务业的人力资源开发应有裨益。本研究认为可以从以下几方面着手：

①深化"产学研"合作，形成人才培养联盟

高校与科研院所是高科技人才培养的摇篮，也是人才培养的主力军。辽宁省共有高校87所，其中近半数高校设有计算机和相关专业，东北大学、大连理工大学，被列入国家级示范软件学院，辽宁信息职业技术学院、沈阳职业技术学院、东软信息学院被列入国家级示范高级职业培训学校，这些高校具备了较完备的专业人才培养条件。应进一步深化"产学研"合作，促进高校、科研院所与企业开展多层次、全方位的项目与技术合作，构建以市场为导向、企业为主体、高校为主要技术依托的"产学研"战略联盟。通过人才借调、联合攻关、合作研发等形式，实现人才共享、成果转化。高校在招生数量、专业课程设置、授课方式、实训内容等方面及时与产业发展、企业需求对接，力求实现"人才需求-人才培养-岗前实训-入职就业"全过程无障碍。如日本NEC集团在济南的多所高校设立的NEC软件特色班，针对日本软件开发企业的人才需求开设了日语、开发技术、对日开发规范、品质会计等课程。

大学作为专业人才的培养基地与专家学者的聚集地，也是专业协会等中间组织建设的首选平台之一。以大学为主导建立专业协会组织，可以将行业、专业的技能标准与大学的教学过程相结合，从而大大提高人才市场的专业化、标准化水平，以及大学教育的市场化、实践化水平。比如美国的软件工程协会（Software Engineering Insitute，SEI）就设在卡内基·梅隆大学，其设立目的就是要弥合软件开发领域的技术科研与实践服务之间的鸿沟，推动软件工程技术与软件产业共同发展。围绕SEI，卡内基·梅隆大学的软件专业课程设置灵活、内容多变，人才培养兼具实践性与专业性。与此同时，该协会还开发了著名的能力成熟度模型（CMM）与认证，已成为目前软件行业最具权威性的行业认证。相比之下，我们的大学与产业、与现有行业组织的联系、沟通不足，合作缺乏，有很多值得改进之处。

②鼓励创建大学衍生企业

大学衍生企业是指大学或大学内人员运用校内的科研成果从事产品生产与服务而成立的企业，其两个突出特点为校内人员参与创办、校内知识与技术出现转移。大学衍生企业能够实现大学内专业技术高端人才的充分利用，实现大学内知识技术成果的商业化。通过衍生企业，大学及大学内的科研人员可以获得更加市场化的经济收益，从而提高其参与开发与创造的积极性。以 MIT 为例，美国波士顿银行与考夫曼基金会分别于 1997 年和 2009 年对该校的衍生企业情况进行了调查研究，发表了"MIT：冲击创新"（MIT：The impact of innovation）和"创业冲击：MIT 的角色"（Entrepreneurial impact：The role of MIT）两份报告。对后者整理的数据为：MIT 的毕业生和在校教师在全球创建了 25 800 多家企业，就业人数为 330 万人，销量额高达 2 万亿美元，保守估计至少可以排在世界第 17 位，而按 GDP 产出计算则排在世界第 11 位[①]。大学衍生企业的创建与发展需要其母体——大学的支持，包括政策支持、资金支持、基础设施支持、信用支持等，特别是对研究人员参与社会服务的制度、文化激励与引导。辽宁省拥有东北大学、大连理工大学等一流的研究型大学，也有东软集团这样的典型而成功的大学衍生企业案例，可以借鉴和推广发展大学衍生企业的路径。

③成立推动成果转化的平台组织

大学与企业的合作也需要中介与沟通平台，国外的许多大学设置校友基金会、技术转移办公室等平台性组织推动两者的合作。比如美国的大学技术管理者协会（Association of University Technology Managers，AUTM），其对美国和加拿大的大学及研究机构的专利申请与认可情况进行统计调查并发布研究报告，为会员单位提供技术转化情况的基础数据、进行会员培训等相关服务。目前美国已有 200 多所高校设置了技术

---

① 邹晓东，陈汉聪.创业型大学：概念内涵、组织特征与实践路径 [J]. 高等工程教育研究，2011（3）：60-65.

转移办公室处理相关业务，如MIT校内促进产学研合作的机构就有工业联络项目组织（ILP）——采用委员会形式与企业对接，通过论坛、报告会、座谈会等形式促进与企业的信息沟通与相互交流；研究合同事务办公室（SPO）——负责办理产学研合作中共同研究、委托研究等合同的洽谈与签约，进行产学研合作研究项目的专业化管理；技术转移办公室（TLO）——负责校内研究发明与专利项目的评估与申报，对已批准的专利项目实施许可与转让，对获得的转让经费进行分配等[①]。相对而言，我们的大学中所设立的科研处、产学研办公室还是围绕传统的"科研成果"进行工作的，机构设置、职能范围、人员素质等方面都达不到服务平台的要求。

5.3.3　企业：建设开发型组织

高技术服务业是高技术产业与现代服务业融合发展的产物，是典型的"人脑+电脑"的"两脑"经济，其从业人员多属于"知识+技能"的双高人才、"专业+管理"的复合人才及"自主+成长"的自我实现人才。企业对该类人才的吸引与管理必须结合该产业人才队伍的特点，以投资视角、规范体系、国际标准制定企业的人力资源开发战略，实现由传统型组织到学习型组织、再到开发型组织的转变（如图5-12所示）。

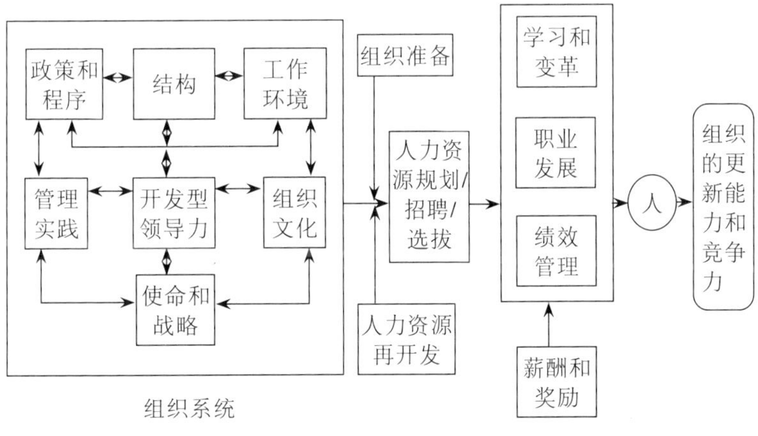

图 5-12　开发型组织蓝图

---

①　王雁，李晓强.创业型大学的典型特征和基本标准［J］. 科学学研究，2011（2）：17-22.

开发型组织的构建需要组织战略、组织结构、组织领导、人力资源部门以及组织文化等各个方面的共同努力，形成开发型组织的组织系统（如图5-12所示）。本部分将以东软集团为例，分析企业建设开发型组织的战略制定与实施。首先对东软集团的情况进行简介[①]。1991年创立于东北大学的东软集团，目前已是中国最大的IT解决方案与服务供应商。公司拥有员工20 000余名，在中国建立了6个软件研发基地、8个区域总部，在40多个城市建立营销与服务网络，在大连、南海、成都和沈阳分别建立3所东软信息学院和1所生物医学与信息工程学院，在美国、日本、欧洲、中东设有子公司。东软以软件技术为核心，通过软件与服务的结合、软件与制造的结合、技术与行业管理能力的结合，提供行业解决方案和产品工程解决方案以及相关软件产品、平台及服务。主要产品和服务领域见表5-10。

表5-10　　　　　　　　**东软集团主要产品及服务领域**

产品/服务领域	内容项目
产品工程解决方案领域	嵌入式软件系统（应用于数字家庭产品、移动终端、车载信息产品、IT产品等众多产品）
自有品牌医疗产品领域	拥有中国自主知识产权的CT、核磁共振、数字X线机、彩超、全自动生化分析仪、放射治疗设备以及医学成像设备等系列产品，其中CT机填补了中国在该领域的空白
自有品牌信息安全产品领域	提供FW、NISG、SOC、IPS、IDS、NTARS、NTPG、VPN及安全服务、安全集成等全面信息安全整体解决方案，成为中国唯一一家在FW、SOC、IDS市场占有率全部进入三甲的专业安全品牌
服务领域	提供包括应用开发和维护、ERP实施与咨询服务、专业测试及性能工程服务、软件全球化与本地化服务、IT基础设施服务、业务流程外包（BPO）、IT教育培训等服务业务
业务流程外包（BPO）	面向日本、韩国、欧美等国际市场和国内市场提供多语言、多类别的一站式BPO服务，包括Call Center、Helpdesk、Application Support等Front Office外包服务，以及HR Outsourcing、F&A Outsourcing等Back Office外包服务

---

① 资料来源：东软集团网站，www.neusoft.com。

东软将"超越技术"作为公司的经营思想和品牌承诺，致力于成为全球优秀的 IT 解决方案和服务供应商，同时成为最受社会、客户、股东和员工尊敬的公司。通过实施开放式创新、卓越运营管理、人力资源发展等战略，全面构造公司的核心竞争力，创造客户和社会的价值，从而实现技术的价值。

（1）以投资视角建立人才开发观

东软集团脱胎于历史悠久、实力雄厚的东北大学，董事长刘积仁先生是中国第一位计算机应用专业博士，兼任东北大学教授、博士生导师。这样的渊源背景使得"以人为本"的人才投资理念深深地根植于东软集团的高管团队及管理制度中。刘积仁先生曾说："人，其实就是我们的核心竞争力。当你把人的资源用足了，你会发现其他的钱都是他们挣来的。"

第一，将人才投资列入企业战略。在很多企业里，"以人为本"只是一句空洞的口号，被贴在墙上、念在口中，但却不能付诸实践。如何将其落实？入手的起点就是在企业的愿景、战略中增添人才投资方面的内容，将企业的长远发展与人才的持续增长结合在一起，借此奠定人才开发战略的基础与目标。东软集团的愿景为："成为最受社会、客户、股东、员工尊敬的公司"，明确将"尊重员工的个性，为他们竞争能力的提升和快乐工作而投资，并为他们的贡献给予合理的回报"列为企业责任与使命。在这一战略愿景的引领下，东软集团连续获得"最佳雇主""人力资源典范企业"等称号，在人才吸引、培养、管理方面成为行业翘首、口碑极佳。

表 5-11 东软集团荣誉称号——人力资源方面

荣誉称号	颁发单位
2006 "CCTV 年度雇主" 奖	中央电视台
2009 "中国最佳人力资源典范企业" 奖	前程无忧
"2011 年中国最佳雇主" 奖 "2011 年亚太地区最佳雇主" 奖	怡安翰威特
2011 年 6 月通过 PCMM5 级评估	美国卡内基·梅隆大学 软件工程研究所（SEI）
2012 中国新兴跨国公司 50 强	《中国企业家》杂志
2012 亚洲最受赏识的知识型企业（MAKE）奖项	Teleos & The KNOW Network

第二，入口把关保证人才基本素质。人才队伍的基本素质是入职后能否顺利开展工作的基础，也是入职之后的培训发展活动效率与效益的保证。明确企业人才需求的标准要求，判断职业教育、高等教育与企业实践人才需求之间的差异，提早着手进行员工基本素质的培养，这是战略性人才投资的形式之一。东软集团实施的"启航计划"（如图 5-13 和图 5-14 所示）就是很有代表性的人才预备队建设措施。集团面向"985"及"211"高校的计算机及相关专业的学生，采取"早定位、深培养、快发展"的策略，提前选定一批高素质、高潜质的学生进行培养，毕业后入职东软集团。该项目针对临近毕业准备就业的大四学生，设计为"1+1+3"的培养计划，通过在培养过程中强化实践教学环节，注重提升工程化创新和实践能力，搭建发展平台，进而引导学生在东软集团顺利地"启航"职业生涯。参与的学生可以体验中国一流软件公司的工作环境，与软件精英团队一起学习工作。通过筛选的学生可获得 5个月免费培训机会，有可能提前一年获得录用。培训内容涵盖 IT 前沿技术介绍、部门业务讲解等丰富而充实的内容，广泛开拓参训学生知识领域、大力提升参训学生综合能力。通过行业专家介绍、校友分享使参训学生加深对行业的了解，提升对企业的认识，进而为参训学员由"学校人"转变为"IT 人"奠定良好的基础。

培养计划分为三个阶段，采用"1+1+3"培养模式：

"1"= 1 个月行业方向前瞻及个人职业生涯规划，于暑期在东软集团各园区开展。

"1"= 1 个月个人基础能力培养，于次年寒假在东软集团各园区开展。

"3"= 3 个月项目集中锻炼，于第八学期在东软集团各园区完成毕业设计及实习。

第三，前瞻视角锁定高端人才。高技术服务业的人才队伍中，既需要基础的技术人才，也需要高端的创新人才。目前行业内，对高端人才的争夺也是十分激烈的，很多小企业总是怀抱"挖墙角""吃现成"的想法，其效果往往差强人意。事实上，高端人才的培养不仅需要人才自身不断努力与争取，更需要企业以前瞻、战略视角进行投资。东软集团针对高端人才也设计了预定计划——"全球博士储备干部培养计划"，

第一阶段：行业前瞻，职涯规划

Step1：梦想与超越——东软潜能激发训练营（教练的专业指导、挖掘学员自身巨大潜力）

Step2：巅峰对决——B2C、云计算、安卓App最新研究成果分享（行业领先技术介绍）

Step3：职场规划——现在，看清自己（最权威的测评工具、专业老师的引领，看清自己的性格与匹配的工作；敲开面试官的心门，全面掌握求职技巧、企业用人标准，模拟面试为生命之航启程）

Step4：统观全局——启航，从这里开始（与数十所高校学子的联盟互动，结识天下精英）

IT产业之天下格局（了解国内外IT产业发展史、市场格局、发展方向）

述说业务中的故事（东软某解决方案成功上线全流程解读）

启航，让我们扬帆（中国最大的IT解决方案与服务供应商的发展史、企业文化及所能够带给你的成长空间）

第二阶段：基础能力巩固进阶

通用技术培训（JAVA\C\C++等）
+项目管理能力培训
（卓越沟通技巧、时间管理等）
+个人核心竞争力培训
（商务礼仪、责任、压力与情绪管理等）
+文体活动、晚会

第三阶段：综合运用实战强化
项目集中锻炼
（编程能力强化、项目案例贯穿、训练手段多样、实际项目研发、综合提升项目开发及管理能力）
+心智体验式训练
（公司文体活动、社团活动、毕业Party）
+业务发展史简介

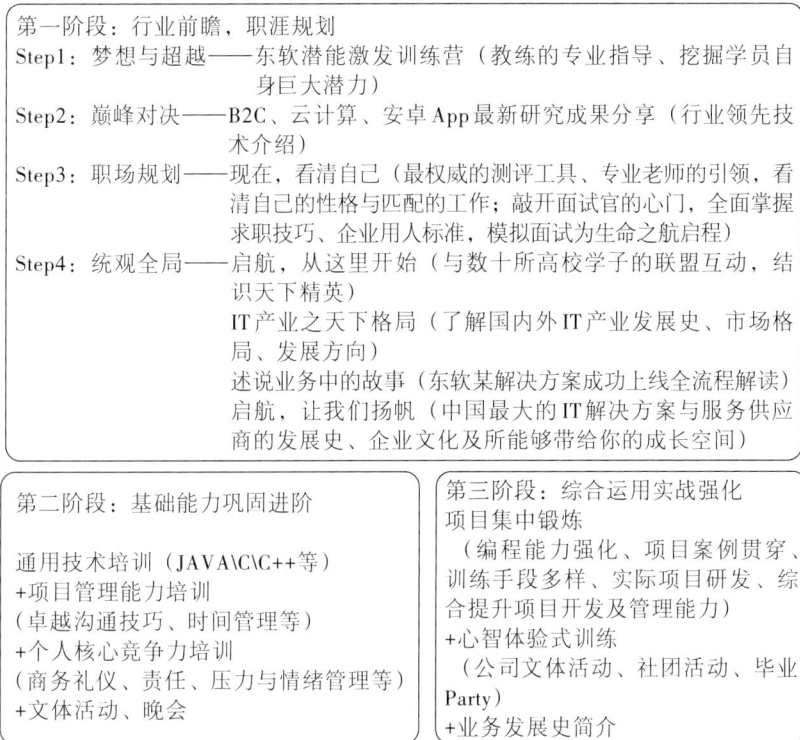

图5-13 东软集团"启航计划"项目内容

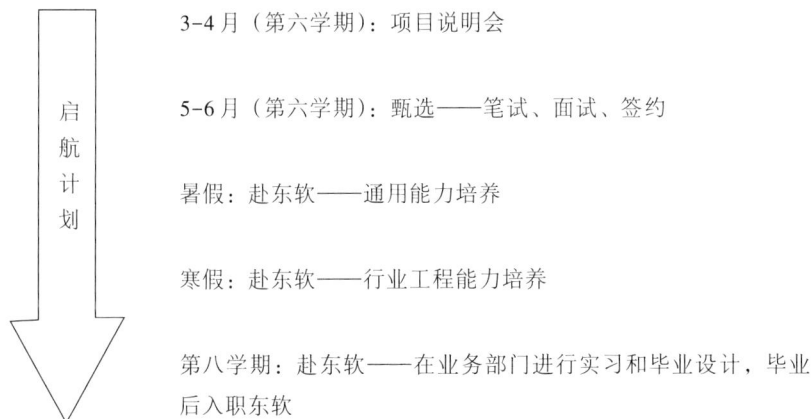

启航计划

3-4月（第六学期）：项目说明会

5-6月（第六学期）：甄选——笔试、面试、签约

暑假：赴东软——通用能力培养

寒假：赴东软——行业工程能力培养

第八学期：赴东软——在业务部门进行实习和毕业设计，毕业后入职东软

图5-14 东软集团"启航计划"项目流程

资料来源：东软集团网站。

这是一项面向博士人才设计的专项领导力发展计划，识别高潜质学生作为储备干部加速培养，通过职业技能培养、业务技能培养、行业产品知识学习和商业运营模式建立等方式为个人提供更适合的绿色职涯发展通路，实现个人与企业的共同发展。具体方式是建立虚拟团队，通过职能轮训、导师辅导、团队学习、E-learning、挂职锻炼等加速培养途径，快速培养成为公司急需的复合型管理人才。集团力争在5年内培养一批具有良好的自我管理、团队管理和业务管理能力，有较强的语言表达能力和沟通能力，能够与国际一流IT公司、合作伙伴营销体系同台竞技的储备干部。

（2）以全程视角健全人才培养链

20世纪90年代以来，员工对自身职业生涯的目标及路径的认知与管理方式发生了巨大的变化，人才在组织内部的不同职位之间以及不同组织之间的流动性大大增强，这种新型的职业生涯模式被称为"无边界职业生涯（Boundaryless Career）"[1]。员工对其个人职业生涯的控制能力逐渐增强，愈发能够根据自身的偏好选择职业类型和工作机会，以自身内部的评价标准判断职业成功与否。职业生涯的无边界化趋势使得传统的企业与员工关系发生了巨大改变，员工"忠于职业而不忠于企业"的意识导致跨组织转换意愿的增强，更是让管理者倍感头疼。高技术服务业的员工大多具备这样的职业兴趣特点，而组织面对员工的新型职业生涯模式也必须调整人才配置、开发和激励制度。

东软集团将员工培养的各个阶段衔接起来，以全过程的视角设计了人才培养链，为员工设计了"双通道的职业发展"模式，规划了专业的"职业发展路线图"，让每位员工了解自身横向和纵向的职业发展路径，帮助员工分析和规划在东软的职业发展方向。集团不断完善公司及部门两级培养体系，还为不同类型的员工制定了系统化、差异化的人力资源管理策略；通过现场培训、E-learning在线学习等方式为员工提供培训方案，公司员工每人每年平均培训40学时。2011年，公司组织面授培训共计359门次，培训覆盖18 972人次，培训学时为6 187小时；

---

① ARTHUR M B.The boundaryless career： A new perspective for organizational inquiry ［J］. Journal of Organizational Behavior，1994，15（4）：295-306.

E-learning 在线培训覆盖 7.3 万人次，可在线学习课程 244 门，涵盖技术、销售、自我提升及公司制度等四个领域。

第一，新员工始业教育。新员工，尤其是应届毕业的大学生，初涉职场的他们面临着生活、工作的重大转变和考验。"新员工导师制"是帮助新员工迈出第一步的有效方法之一，即公司为新员工安排职业导师以帮助其了解公司、融入环境并为个人成长提供指导。东软的新员工导师制全称为"新员工发展辅导机制"，该项目通过理论课与体验式结合的培养方式，帮助员工自我认知，快速完成角色转变；提高个人职业素养，建立对目标与成就的积极追求；培养员工健康、责任、奋斗的心态追求个人目标的不断实现。导师制的积极作用体现于新员工与导师的双方获益：一方面，导师为新员工了解公司、融入公司及个人成长提供学习指导，为初涉职场的毕业生快速完成进入企业后的初始社会化实施帮助，同时也很好地完成了企业文化、团队合作、岗位技能等方面的培训目标；另一方面，担当导师的员工也得到了具体的管理实践机会，通过与新员工"教学相长"的互动过程提升自身在技术和管理等各方面的技能，从而实现把新员工导师培养成既懂技术又懂管理的公司未来领导者的管理开发目的。

第二，专业技能人才发展计划。根据公司业务发展对员工能力的要求，设计了面向特殊员工群体的专项培养方案，如项目经理专项、架构师专项、销售专项、产品经理专项、咨询顾问专项等，根据员工的能力评估结果、岗位需求和职业发展需求，安排员工参加各类专项培养计划，为进军各领域的人才提供强有力的能力保障。随着东软国际化经营与管理要求的提高，员工的外语能力也成为其基本技能的构成要素，公司为此定期组织外语培训，并通过外派学习、海外锻炼等方式对关键岗位员工进行外语技能的强化。

第三，骨干员工发展计划。骨干员工发展计划是为培养具有高竞争力的核心人才而建立的专项计划，该计划通过比对员工的实际工作业绩与职业潜力，将高潜力且绩效表现优秀的员工纳入到"骨干员工"体系统一管理（如图5-15所示）。2011年的骨干员工发展管理计划通过公司与部门整体管理规划和体系平台建设，制订高层关注、导师辅导、专项培训等个性化的发展方案，引导骨干员工职业生涯发展，提升骨干员工的价值和影响力。

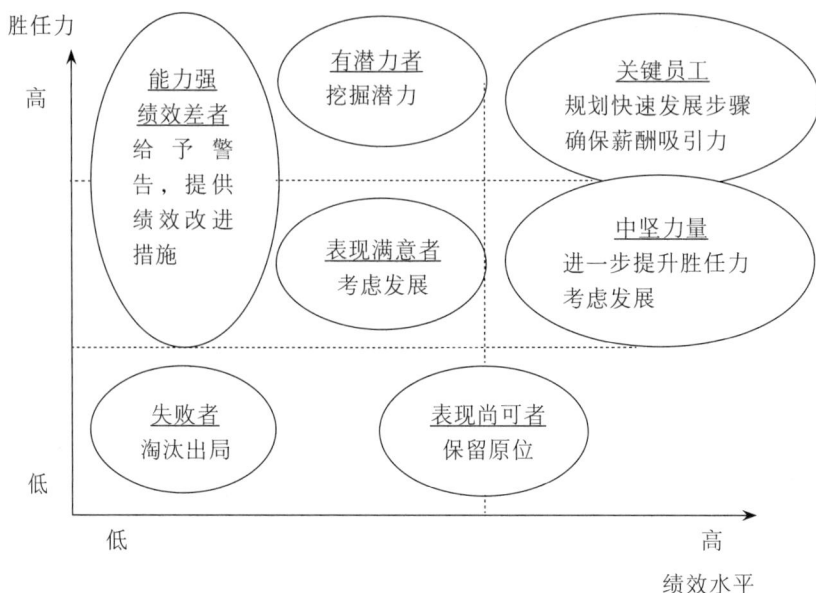

图 5-15　骨干员工识别与开发

第四，管理人才领导力发展计划。为深入加强领导力发展，构造面向全球化和规模化的管理者队伍，公司通过一线主管培养专项、新经理加速培养专项、销售人员培养专项、中高层管理者培养专项等，搭建阶梯式的领导力发展与培养地图，为不同层级领导者能力的持续提升提供资源和保障；通过领导者俱乐部活动等形式将管理研究的前沿问题、大师观点、最佳实践等与各级管理者分享讨论，并积极促进其在实践中的应用。

（3）以多赢视角促进学企衔接

承担高等教育职责的"大学"与承担盈利目的的"企业"分属不同的组织性质、迥异的运行模式，"人才"这一核心竞争要素的培养与开发使得两者之间有了合作的基础与必要。而最密切的结合方式，当属"企业大学"。狭义的"企业大学"是指由企业出资建立的系统化、组织化的高级培训机构，往往以企业高级管理人员、一流的商学院教授及专业培训师为师资，全面承担组织对各级员工的培训开发职能。此种企业大学属于"内向型"，即满足本企业内部人才开发的需要，脱胎于企业的培训部门，学习条件与资源来自企业内部，而组织体系与模式类似高等学府。如今，随着人才培训服务市场的繁荣，更多的新型"企业大学"出现并蓬勃发展。这些企业大学是"外向型"的，服务对象扩展至包括经销商、供应商在内的整条供应链，甚至整个社会。

综合看来，建设外向型企业大学之于企业的战略有以下几点价值：

第一，量身定制符合企业需求的人才。传统的大学教育更多地偏重理论，传授的主要是通用的知识和技术。企业对人才的需要从单一的技术、学历型向应用、复合型人才转化，而传统的大学教育对综合能力、个性化的培养明显不足。企业大学通过企业内部讲师和内部化的课程，能够针对企业的实际情况和特点，对员工或外部人员进行更有针对性的培训。

第二，高屋建瓴营造企业的人才"磁场"。企业大学的建立本身就是对企业实力的一种证明，树立了一种关爱人才、追求卓越的企业形象。企业大学不仅是人才培训开发的机构，也是员工沟通与合作、创新的平台，传播企业文化的窗口。而这些对于高端人才来说，都是吸引和保留他们的重要手段，可以帮助企业形成人才磁场。

第三，做大"人才蛋糕"实现行业共荣。企业大学的建立者都是实力雄厚、人才意识前瞻的优秀企业，它们的产品、服务、技术、管理以及人才都可称为"行业标杆"。然而，如今的市场竞争已经超越了单个企业的界限，扩展到整条供应链甚至整个行业企业整体。仅仅"独善其身"往往将导致路越走越窄，只有"兼济天下"才能实现突破。借助企业大学为整条供应链甚至全行业储备人才，做大"人才蛋糕"、树立人才规格与标准，这才是企业获取行业竞争地位的战略工具。

东软集团作为"大学衍生出的企业"，建立了"东软信息学院"这一"企业衍生出的大学"。作为教育部批准的民办高校，虽然东软信息学院不是传统上的"企业大学"，但是其教学内容、人才培养模式极大地实现了企业、行业、人才的多赢。而立足实训的"东软睿道工程教育"则为东软与其他高校合作开阔了更为丰富的路径。东软的做法可供高技术服务产业的其他门类和企业借鉴。

——东软信息学院。"大连东软信息学院"是经国家教育部批准设立，由东软集团、亿达集团共同投资举办的一所以工学为主、兼办管理学、文学等学科专业的普通高等院校，其前身是东北大学东软信息学院，是全国首批独立学院转设为普通高等院校的四所高校之一。学院探索实施一体化人才培养模式改革（TOPCARES-CDIO），将企业的需求前置入课程，让学生在实践性的课程环境下学习，把校企合作的着眼点放在让企业全方位参与学校的教学改革上，双方共同推动创新人才培养模式变革，使学生在充分掌握行业需要的知识与能力基础上，更加主动地适应社会和企业的需求，从而使校企合作迈上了更高层次[1]。依循学校、企业、园区相结合的模式，东软信息学院在成都、佛山相继成立了成都东软信息学院和南海东软信息学院，已经成为国内计算机、软件设计及服务外包领域高技能、实用型人才培养的"重要基地"。

——大学生创业中心。大学生创业中心（Student Office & Venture Office，简称SOVO）是东软信息学院首创的实践教学模式，采用基于"虚拟公司"（V-Company）的机制，使学生在学习IT知识和实践的同时，全面了解现代企业运作的环境[2]。在校大学生自主申请成立V-Company，通过竞争轮流担任CEO、CTO、CFO、CKO等企业高管角色。SOVO不仅培养学生掌握最新技术的实践能力和动手能力，更注重培养学生的领导力、解决问题能力、组织和沟通能力、团队协作能力、工作态度、责任感等非智力因素，同时还给学生积累了宝贵的"工作经验"。2003年以来的实践证明，SOVO实现了知识学习与实践锻炼的完美结合，形成了大学生与产业的无缝链接，造就了大批受企业欢迎的毕业生和成功创业者。

——东软睿道工程教育。东软睿道工程教育是大学生及大学后提高职业技能的平台，面向高校、政府提供人才培养解决方案，面向企业提供IT及相关的技术培训、管理培训、新员工始业教育培训、语言培训等，将通过线上和线下结合的方式，为高校和企业提供IT职业技能提升的教育服务体系。东软睿道工程教育在沈阳、大连、南京、成都、无

---

① 时晓玲.校企双赢让企业离不开学校——大连东软信息学院一体化人才培养模式改革的调查［N］.中国教育报，2011-04-17.
② http://sovo.neusoft.gd.cn/about.jsp.

锡、天津、郑州、南昌建立了分布式的实训基地；与500余所国内高校合作，将东软的人才培养体系与大学的课程嵌入结合；已经与近400家企业合作，通过东软的E-learning平台和课件提供培训服务；每年向行业输送人才近50 000人次，覆盖软件开发与测试、嵌入式产品工程、移动平台、物联网、数字媒体、网站设计、IT技术服务、BPO服务、企业管理等十大类，近20余种人才发展方向。立足产业前沿，东软睿道工程教育以"信息技术服务教育未来"为经营理念，努力搭建政府教育改革、高校人才培养与行业人才需求的互动平台和桥梁，构建全面、可持续的IT产业人才培养生态链，为行业、社会的人才培养和可持续发展贡献卓越的力量。

（4）以全面视角完善人才激励制度

在高技术服务业的人才队伍中，"80后"以及"90后"的年轻人所占比例高，他们既关注物质化的经济收益，也注重精神层的理想实现；既关注工作与职业发展，也注重家庭与生活质量。针对这样的人才需求特点，激励制度的设计应更加全面、复合，"胡萝卜+大棒"的简单做法已经行不通了。"全面薪酬体系"不仅包括企业向员工提供的货币性薪酬，还包括为员工创造良好的工作环境及工作本身的内在特征、组织特征等所带来的非货币性的心理效应。其构成框架如图5-16所示。在内部薪酬方面，通过科学工作设计、优美的工作环境与卓越的企业声誉提高来自工作本身的薪酬回报；在外部薪酬方面，一方面通过薪酬提升计划提高间接薪酬的外部竞争力，另一方面通过特色福利、系统培训、发展机会等提高间接薪酬的内容构成与水平。

第一，提升经济性薪酬的竞争力与公平性。公司按照国家劳动法律法规的要求进行员工聘用，在平等、自愿、协商的基础上与员工签订书面劳动合同，依法为员工提供合理薪酬及法定福利。遵循"按劳分配，同工同酬"原则，推行基于岗位价值、员工个人发展和绩效提升的薪酬管理体系。2011年，公司持续进行员工薪酬改善计划，进一步优化员工薪酬外部竞争能力，强化基于职位、绩效和能力的高效激励机制。公司在提供国家法定福利、假期的基础上，设置新婚贺金、生育贺金及丧

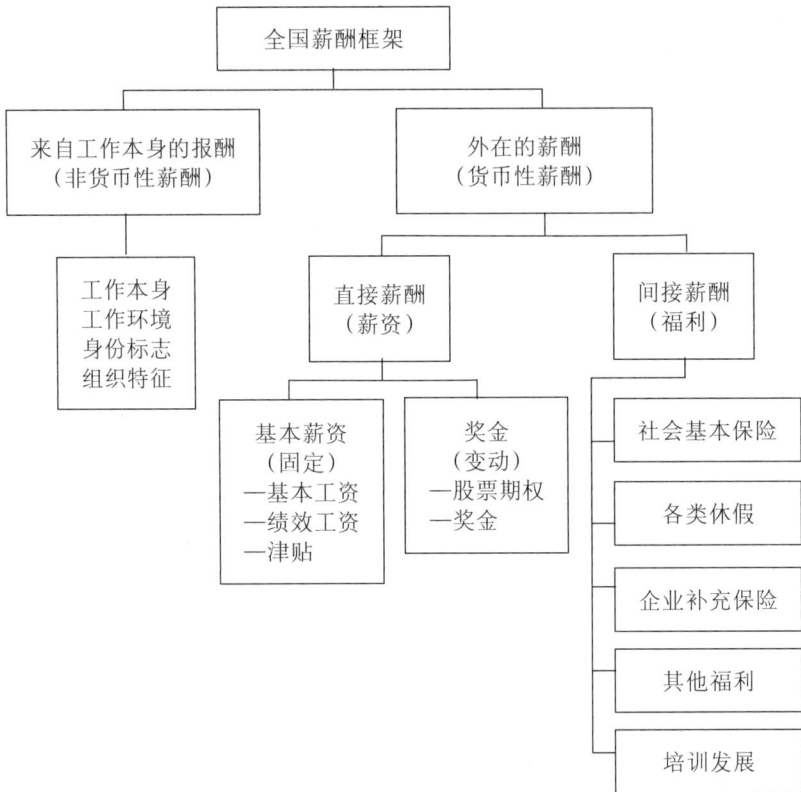

图 5-16　全面薪酬体系框架

葬抚慰金等福利，还为员工提供了企业年金、境内/境外意外伤害保险、出行交通工具意外伤害保险、外籍人医疗保险等商业保险、福利体检、探亲路途费用报销及探亲路途假等补充福利及假期。

第二，关注员工的身体与心理健康。员工的健康是其工作效率与质量的前提，尤其是承担创新型工作的脑力劳动者。因此企业应关注员工的身体与心理健康，将其列入员工激励制度的内容。东软集团的员工健康关怀计划（Employees Health Care Program，简称 EHCP）就是最大限度地满足员工在身体健康方面的需求，为员工提供从健康指导、健康促进到健康评估、健康医疗的全套健康管理服务，并在全国各地分支机构的办公场所都设立了"健康小屋"，以方便员工随时随地进行身体指标的检测并获取改善建议，有计划、有组织地进行健康状况改善。2006年，东软引入 90% 世界 500 强企业正在实施的 EAP（Employee Assistant

Program，员工帮助计划）项目，为员工开通咨询热线，设立网上心理测评专栏，关注员工的职业压力和心理健康。2011年，公司面向员工开展"熙康健康管理服务"，为员工每人发放配备"熙康行表"，建立熙康网个人账户，推出"东软员工健康关爱套餐"，长期关注员工健康。

第三，建设舒适的工作环境。公司将提高办公舒适度作为办公环境搭建的重点工作，倡导"GOS（Garden Office Sports）"和"AFCS（Anti-jamming Functionality Comfort Security）"的建设理念，力争为员工提供安全、舒适和环保的工作环境。目前，东软人均办公空间约23平方米，人均绿化面积约40平方米①。各类体育运动场所、竞赛活动、文艺交流、社交沙龙等活动丰富多样，增进了员工在工作之外的交流，形成了友好、关爱的团队氛围，为员工们在工作上的合作营造了良好的氛围②。

第四，营造良好的工作氛围与和谐的企业文化。工作氛围及企业文化是企业实施情感留人的基本方式，良好的沟通、民主化的参与管理、积极的团队合作与竞争，都是高层次人才崇尚的工作方式。东软崇尚简单、务实、和美的企业文化，关注员工的全面需求，追求个人、企业与社会共同发展。为给予员工更好的工作物质环境与心理环境，公司每年开展"员工满意度调查"对员工的工作满意度、上级满意度、团队满意度、公司满意度进行全面了解与分析。公司内为员工开设了多项沟通平台与路径，方便员工发表意见和建议，参与公司的民主化管理。具体措施包括内部论坛管理平台——员工可以发布对人力、财务、行政物业等管理平台的建议、意见或投诉；"CEO"信箱、"员工与CEO对话"、"高管午餐会"、"策略沟通会"等活动——员工的意见可以直接传达到公司高层，获得高度的重视和反馈；职工监事——确保员工在公司治理中享有充分的权利；工会——员工选举工会委员表达员工意愿，代表员工利益参与公司民主管理。

---

① 《东软集团2011年度社会责任报告》。
② 《东软集团2011年度社会责任报告》。

（5）以国际视角升级人才管理制度

高技术服务业虽然是新兴产业，但是其国际化、标准化程度高，我国企业要参与国际竞争就必须尽快在产品/服务以及内部管理方面与行业规范接轨。以软件与服务外包产业为例，美国卡内基·梅隆大学软件工程研究所（简称SEI）的CMM认证是该行业企业踏入国际市场的"通行证"，而该机构在1995年及2001年推出并完善的PCMM认证（People Capability Maturity Model，人力资源能力成熟度模型）则是进入高端市场的"贵宾卡"。对高技术服务企业而言，不仅可以比照该模型提升自身人力资源管理能力，更重要的是实践并获得该认证有助于企业对接国际行业的最高标准进而提高核心竞争力。

目前该认证已经在IBM、塔塔咨询等一些大公司得到成功运用，而我国除东软集团通过了PCMM5级认证外，大多数企业对该模型还不了解。关于该模型的理论研究也处于介绍引进与模型探讨阶段。东软集团于2008年7月10日顺利通过PCMM3级评估，在此基础上于2009年1月正式在全公司发布了东软人力资本管理体系——HCMS（Human Capital Management System）。之后，公司启动了PCMM5级改善与评估项目并在AVNC&IS业务单元进行试点，于2011年6月30日通过了PCMM5级评估，成为第一家通过该评估的中国企业，而且是全球采用SCAMPI方法同时通过PCMM5级和CMMI5级评估的十几家企业之一[1]。东软顺利通过PCMM5级评估，不仅为东软自身的规模化和国际化发展提供强有力的人力资源保证，也为更多的中国企业开展国际化标准的人力资源管理提供了宝贵经验[2]。

PCMM既是一种管理思想，更是一套系统的人力资源管理评价方法，具有很强的实践性。本部分通过文献搜索和深度分析对PCMM模型的核心内容及最佳实践进行理论分析与探讨，并在东软集团成功经验的基础上为辽宁高技术服务业企业以国际标准进行人才开发战略设计及运行模式进行探讨。

---

① 徐光，尹哲辉.东软集团通过PCMM5级评估［N］.中国证券报，2011-08-02.
② 唐学良.东软集团：通过PCMM5级认证［N］.上海证券报，2011-08-03.

①PCMM模型的体系框架

人力资源能力成熟度与人力资源能力以及成熟度有关，所谓人力资源能力是指企业实施经营活动所需要的知识、技能和过程能力；所谓成熟度是指企业内部执行的人力资源实践以及把这些实践综合使得人力资源能力的过程改进并制度化的程度。人力资源能力成熟度模型（People Capability Maturity Model，PCMM）第一版于1995年9月由美国卡内基·梅隆大学软件工程研究所在能力成熟度模型（CMM），尤其是其中的软件工程能力成熟度模型（SW-CMM）的基础上发布。PCMM第二版于2001年7月由SEI发布，其内容更加丰富和完善，现在所指的PCMM都是第二版。PCMM由起始级、管理级、定义级、预测级和优化级5个成熟度等级组成。除了起始级以外，每一等级都由3至7个流程域组成，共22个流程域，流程域是由一系列目标组成的，每个流程域包括325个要实现的目标，目标又是通过管理实践来描述的。所谓关键域是指联系人力资源能力成熟度各个等级流程域的纽带。人力资源能力成熟度体系由不同的等级及其流程域构成，在这个分级开发的系统内，各个等级之间是紧密联系的整体，前一个等级的开发实践活动是达到下一个等级要求的必经阶段。不同等级的流程域之间也是围绕共同的目标而采取实践活动的，成熟度的5个等级各自的流程域间彼此紧密联系，相互配合完成所属等级的能力开发。

具体内容见表5-12、表5-13。

表5-12　　　　　　　　　　　　PCMM模型的内容体系

等级	方法论	流程域
起始级		
管理级	重复性的惯行	薪酬、培训与发展、绩效管理、工作环境、协调沟通、人员配置
定义级	基于潜能的惯行	参与式文化、工作团队发展、基于资格能力惯行、职业发展、资格能力发展、人力资源规划、资格能力分析
预测级	量化和授权惯行	指导、组织能力管理、量化绩效管理、能力资产、授权工作团队、能力综合
优化级	持续改进惯行	持续的人力资源创新、组织绩效的一致性、持续的能力改进

表 5-13　　　　　　　　PCMM各级流程域的内容构成

等级	流程域	流程域内容及目的
起始级		
管理级	人员配置	建立一个正式的流程，组织基于文档化的政策和流程计划并协调工作单元的人员配置
	协调沟通	构建跨组织的适时沟通，以确保每个员工都拥有分享信息和有效协调活动的技能，它促使组织自上而下和自下而上的信息交流，并追踪关键问题
	工作环境	平衡完成工作所需的资源
	绩效管理	建立与工作相关的绩效目标，为员工和部门的绩效建立衡量的标准，并对影响目标实现的绩效进行讨论，从而推动绩效的持续提高
	培训与发展	保证人员具备完成工作所需的技能，并提供发展机会
	薪酬	根据员工的贡献给予相应的回报
定义级	能力分析	识别企业经营活动所需要的知识、技能和流程能力，它们是人力资源管理实践的基础
	人力资源规划	在企业和部门两个层面上按照当前和未来的经营需要协调人力资源
	能力培养	不断提高员工完成指定任务能力
	职业发展	保证员工有机会培养其实现职业目标的素养
	基于能力的管理实践	确保所有的人力资源管理实践都建立在培养人力资源能力的基础上
	工作团队发展	基于流程能力的胜任度来组织工作
	参与式文化	确保企业内的信息能够把员工个人的知识融入决策流程中，以获得他们的支持
预测级	能力集成	通过不同人力资源管理能力的集成来提高相互依存工作的效率和灵活性
	授权工作小组	赋予工作小组责任和权力，由它们去决定怎样才能最有效地指挥经营活动
	基于能力的资产	捕获在流程实施中产生的知识、经验和工艺
	量化绩效管理	为实现绩效目标而预测和管理人力资源能力
	企业能力管理	管理人力资源能力及其胜任度
	顾问指导	传播经验教训，以提高个人和工作小组的能力
优化级	持续能力提高	为个人和工作小组持续提高人力资源能力及其胜任度提供基础
	组织绩效调整	在企业绩效和经营目标的基础上进行个人、工作小组和单位之间的绩效调整，战略性地运用人力资源管理活动实现组织经营目标
	持续人力资源管理创新	识别和评价已提高的或创新的人力资源管理实践和技术，并且在整个企业全面实施最有前途的部分

资料来源：李瑞祥.人力资源能力成熟度模型（PCMM）及其应用 [D]. 南京：南京航空航天大学，2005.

②PCMM模型的特点

PCMM提供了一种可以提升组织人力资源能力的框架，通过描述组织可以实施的人力资源实践并对实践结果进行评价，获得个人绩效与组织绩效的共同提升改善，同时实现员工满意度提升、流失率下降及组织声誉提高。该模型不仅关注人力资源管理，也涉及过程管理与战略规划方面：通过关注人力资源能力的过程将个人层次的绩效与组织层次的绩效结合，实施定量化的度量与分析；将人力资源能力的内涵与规划结合，进而实现与战略的对接。

第一，PCMM模型是一个基于过程改进的模型。PCMM模型以持续的过程改进为理念，阶段性划分的模型框架是其主要特色。PCMM执行持续改善组织人力资源能力的人力资源实践行动路线图，分阶段地、逐步地引进和稳步改进管理实践，其动机是从根本上提高组织吸引、开发及留住人才的能力，并借助这些人才不断改进组织的生产开发能力。

第二，PCMM模型是一个质量管理的模型。PCMM模型融合了全面质量管理的思想，以五个不断进化的层次反映了组织人力资源管理进化的分阶段过程。PCMM以提高人力资源能力为核心，以持续改进人力资源管理为根本思想，以过程管理、全面质量管理和目标管理为手段，构建了一个进化的、分阶段的实施人力资源管理战略的框架，它把组织人力资源管理的目标和实践有机地融为一体，利用人力资源管理系统的能力构成以及运作流程在不同程度上的和谐性，为组织提高整体人力资源能力提供了一个循序渐进的发展平台[①]。

第三，PCMM模型是一种改进管理的基准。PCMM模型作为一种过程改进的基准，是基于人力资源管理的相关流程域构成的一种分级提升的系统模型，它把企业人力资源管理的成熟度等级、流程域、目标和管理实践有机地融合为一体，在每一成熟度等级都设立了明确的工作领域、应达到的目标，规定了必要的条件和活动，体现了人力资源管理系统的系统构成、运行流程以及能力之间在不同程度上的和谐性，为企业

[①] 王成军，葛智勇，窦德强.企业人力资源管理实践的整合与优化——人力资源能力成熟度模型探析［J］.中国人力资源开发（8）：30-33.

提高其整体人力资源效能提供了循序渐进的、和谐的发展平台[1]。

第四，PCMM模型是一个以人为本的管理模型。PCMM模型体现了以人为本的核心理念，一方面基于员工的绩效提供公平的薪酬回报并为其提供能力发展机会，另一方面在实践中关注员工的权利和尊严不受侵害。PCMM帮助企业关注人员的合理开发和有效管理，帮助企业确定企业内部的劳动力实践的成熟度，从而设定需要改进的优先次序，将劳动力开发实践集成到软件企业的过程改进中去，并建立一种追求杰出的文化氛围，它主要针对高级管理人员和专业技术人员[2]。

第五，PCMM模型是一个规范化、制度化的模型。PCMM模型以等级划分的方式通过界定流程域的内容明确了工作过程的规范，制定了测量、分析、评价组织工作的标准，充分结合组织战略目标与组织环境建立组织内部协调流程域及协调的工作规范。模型说明了从不成熟的人力资源管理实践到具有成熟结构的可以持续提高人力资源管理实践能力的开发、提升途径，它关注的是关键事件的改进活动，通过集中精力执行关键事件为组织能力的进一步发展奠定基础，并促成其稳定的发展和持续改进的步伐。

第六，PCMM模型是一个整合式、渐进式的模型。模型将复杂的系统分解成相互独立的模块，实施的同时也创建了一种组织文化，即团队精神。整个认证评估过程及实施推进过程需要所有员工的充分参与，每个成员都能够在模型体系中知道自己的工作范围、工作标准和发展目标，共同分担风险和责任。

图5-17展示了PCMM的实施结果与价值。

③PCMM模型的认证评估

认证机构：经SEI授权的PCMM评价专家才能主持正式的PCMM评价，每个SEI授权PCMM评价专家都要经过7个资格获取过程，据SEI官方网站公布的授权评价专家21位，其中能够提供商业认证服务的有10位。评价小组包括一名经SEI授权的PCMM评价专家和一些经过PCMM培训的组员，一般不超过8人。只有小组成员在正式评估中所参

---

① 杨明海，张体勤，丁荣贵.人力资源能力成熟度模型：概念、体系与结构［J］. 东岳论丛，2003，24（6）：134-136.
② 齐勇，潘英俊.PCMM框架及应用前景［J］. 重庆工商大学学报，2004（21）：473-476.

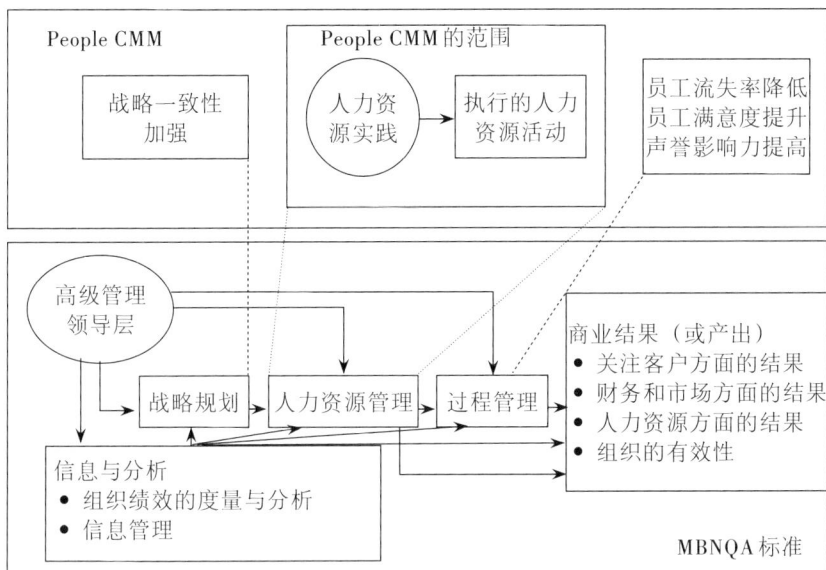

图 5-17　PCMM 的实施结果与价值

资料来源：《PCMM Version 2 指导手册》（编译版）。

与完成并签字确认的评估工作才有效。

认证对象：人力资源成熟度模型理论上对任何规模、营利组织和非营利组织都适用。美国、加拿大、澳大利亚和印度等国家的很多公司都实施了该模型认证，如 IBM、毕马威、AT&T、波音、花旗银行、塔塔集团等。我国国内除东软集团外，中国工商银行、中国电信等大型企业也已应用此模型，而更多的应用集中在软件高新技术企业。

认证流程：从准备、到评估、再到总结改进，整个 PCMM 的认证流程可以分为 7 个步骤，如图 5-18 所示。正式评估现在采用的是 SCAMPI 方法，即标准的 CMMI 过程改进评估方法（standard CMMI appraisal method for process improvement）。该方法原来应用于软件成熟模型（SW-CMM）方面的标准评价方法，经过 SEI 的同意并经塔塔咨询服务公司的试验后被应用到 PCMM 中。

虽然 PCMM 最初的设计和现在参与认证的企业主要是软件产业内的企业，但是其设计理念与层级内容可以在各种规模的企业中得到运用。实施 PCMM 模型必须依托以人为本这一理念构建企业的人力资源开发战

Step 1：实施 PCMM 全员培训
——PCMM 基础知识培训
——人力资源管理基本知识培训

Step 2：规范和完善现行 HRM 过程
——整理现行 HRM 过程并文档化
——对照 PCMM 进行内部评估

Step 3：成立 PCMM 工作小组
——成立领导小组
——配备专职人员

Step 4：内部评审
——内部成员自评审
——外部专家预评审

Step 5：正式评估
——阶段 1：需求分析、形成评估计划、选择和准备团队、掌握和分析目标证据以及准备目标证据的收集
——阶段 2：检查目标证据、验证目标证据、目标证据文件化和产生评价结果
——阶段 3：递送评价结果和评价资料整理及保存

Step 6：HRM 改进
——总结评估结果
——制订 HRM 改进计划

Step 7：全面总结
——文档整理汇总
——实施并追踪 HRM 改进

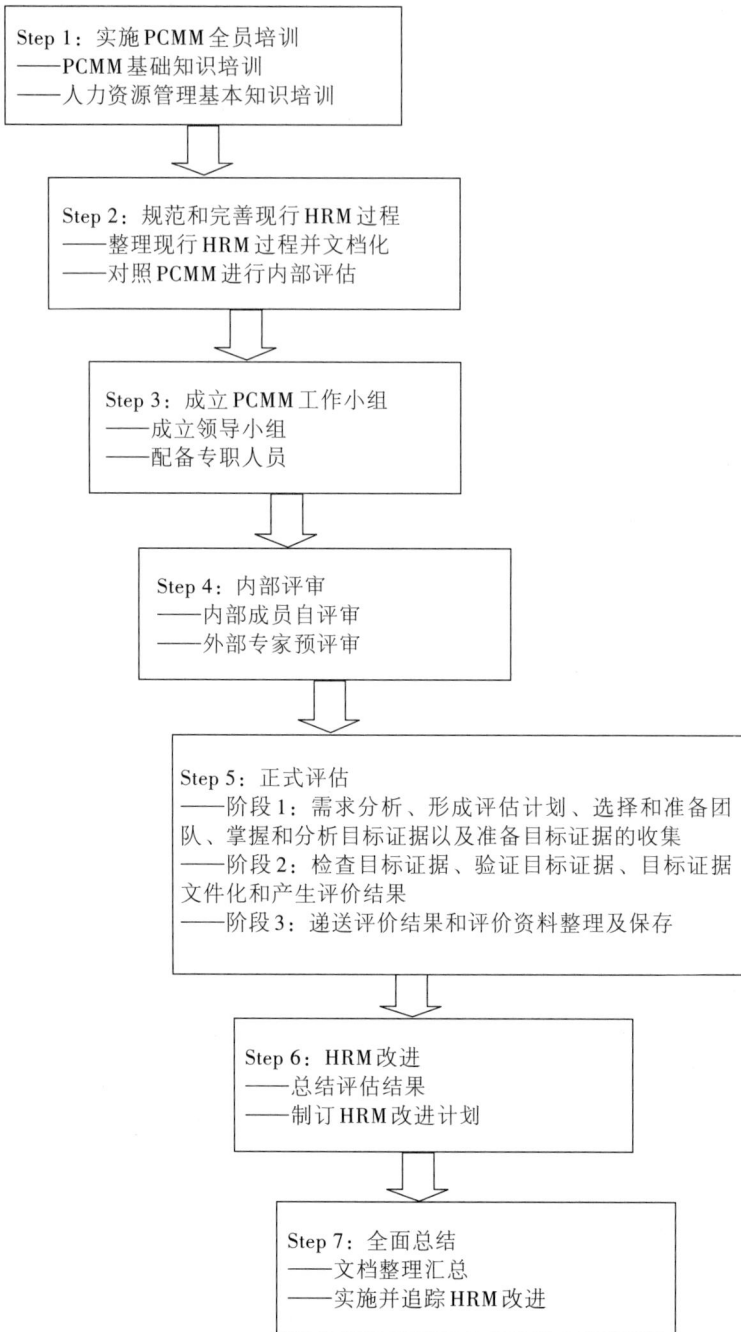

图 5-18　PCMM 认证流程图

略，切实考虑员工的具体情况和实际需求，在企业发展的同时能够给员工搭建一个长期自我学习和发展的平台，形成互利双赢的和谐互动。PCMM提供了一个层次分明的改进过程，并在划分的五个层次中分析了常见的问题和解决方案，这为探索人力资源管理与开发路径的企业提供了明确的改进思路和框架，可以"按图索骥"。企业应该根据自身的经营战略以及人力资源情况，比照PCMM的各个层级与流程域目标，认真分析自身人力资源管理所处的阶段以及存在的问题，查找问题的症结所在并按照PCMM的有关改进步骤和策略进行持续改进，一个阶段一个阶段地提高自身的人力资源管理能力。

5.3.4　中间组织：成为第四螺旋

在三螺旋模型中，中间组织的作用至关重要，不仅对政府、企业、大学这三条螺旋链条起到优化与支持作用，同时也作为独立的组织承担螺旋之间的连接与支撑作用。这正如第4章的分析所说，中间组织又分为双边组织与三边组织两大类，而三边组织则是更加纯粹的螺旋中介，甚至可以独立出来成为"第四螺旋"。本部分就对人力资源开发多主体体系中的三边中间组织的建设与发展进行论述。

（1）协会组织——人才培养的"立交桥"

中文将英语Association译作协会，是指由个人、单个组织为达到某种目标，通过签署协议，自愿组成的团体或组织，通常包括职业、雇主、产业、学术和科学等方面的协会。在经济领域，协会组织分为产业协会与专业协会两种，但因为主体成员的交叉重叠故而往往合二为一。协会组织作为社会中介组织是政府与企业之间的桥梁，反映了该产业领域成员自我服务、自我协调、自我监督、自我保护的意识和要求。在欧美国家，政府几乎不会直接干预企业，而是通过为数众多、活动广泛的产业管理组织与成千上万的企业进行密切联系并做实际工作。在产业所需的专业人才培养方面，协会组织作为连接产业与政府、企业与高校、人才与机构、市场与研发的纽带与桥梁，可以通过规范从业人员资格、参与高等教育设计、推行继续教育制度等途径介入人才培养体系，有利于提高产业内专业人才"量"的供给与"质"的水平，实现人才瓶颈的突破与人才资源的持续发展，成为人才培养的"立交桥"（如图5-19所示）。高技术服务业是一个市场化、国际化程度极高的产业，以印度为代表的新兴市场国家在具体落实、贯彻宏观指导政策的同时，其行业组织成为所属企业经验交流中心、经济技术情报中心、经营指导中心和技术培训中心。协会组织首先应明确其为协会成员服务的职能定位，并通过持续不断的体制创新、知识和技术创新、人力资源聚集和社会资本网络等实现其服务能力跃升，扩大其影响力和协调作用。

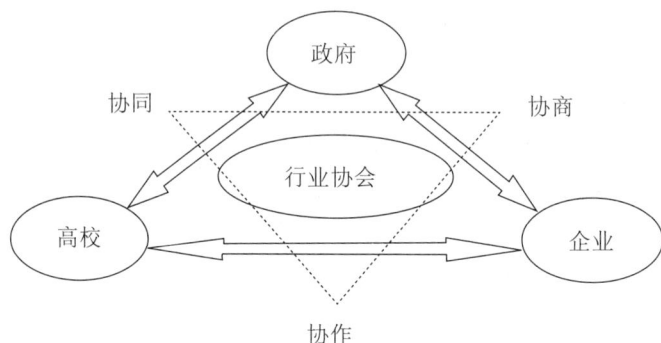

图5-19 行业协会在人才培养中的作用

第一，推动协会组织的发展壮大。作为国家未来经济发展的战略产业，高技术服务业的发展必须高瞻远瞩、有序高效。要实现这一要求，发挥协会组织作为"向导""大使""教练""裁判"的复合作用意义重大。通过协会组织实现行业内部的有序自治达到合作、交流的目的，也实现对行业内部的统一协调。印度、以色列等国的行业协会（NASSCOM（见表5-14）和IASH）等，在为本国服务外包企业提供信息、培养人才、开拓市场方面发挥了重要的作用，提升了本国企业承接服务外包的商业谈判效率和行业整体形象。尽管近年来辽宁省的相关行业组织建设取得了一定进展，但与印度等服务外包强国相比，在职能设置和实际作用方面都还有很大差距。为此，应整合现有的行业组织和机构，构建统一的、非营利性的行业组织及中介服务体系，为服务外包提供市场和信息服务，加强企业间的沟通协调，规范竞争行为，促进行业自律。以协会、园区为主体搭建人才、信息服务平台，应用先进技术为企业提供专业、安全的服务和相关资讯。

表5-14　　　　　　　　印度NASSCOM的发展阶段及作用

发展阶段	阶段1：1988—1999年 整合全行业	阶段2：1999—2002年 把握市场趋势并采取 主动措施	阶段3：2003年至今 引领行业发展并寻找 突破
典型活动	＊协会成立并制度化 ＊建立有效的管理结构 ＊投资于把握市场趋势和 机遇的研究 ＊印度信息技术部的成立 ＊STPI（印度软件园）的 设立	＊与政府联合确定发 展BPO的产业目标 ＊获得包括总理在内 的高层领导的支持 ＊争取财政支持	＊人才主动 ＊影响主要跨国公司 ＊主动实施国家产业推 广以扩张市场 ＊建立高端产业研究机 构把握行业前沿

　　资料来源：祁鸣，李建军.NASSCOM在印度软件产业发展中的作用［J］. 中国科技论坛，2007（10）：140-145.

　　第二，推行和完善职业资格认证制度。高技术服务业所需人才在学历水平、技能水平上均要求较高，即便是一线工作的员工也往往需要具备一定的专业资质才能胜任。考虑到企业内生人才培养的高成本与长周期，协会组织通过建立规范、严格的职业资格认证制度把控人才队伍的"入口"，将为企业用人及产业发展奠定扎实的基础。当然，我国各产业的协会组织未必都需要创建全新的标准体系，在一些已经相对成熟的行业中推广权威国际认证，也是快速实现人才队伍素质与培养方式与国际接轨的有效方式。以IT行业为例，现在国际通行的人才培训项目与资质认证主要由Microsoft、Cisco等大企业制定并已经成为企业及人才在该产业领域内占有一席之地的必备条件。既如此，各地协会组织应积极鼓励、引导和帮助行业企业及人才参与和获得相关认证，尤其是广大的中小企业与基础人才群体。2010年6月，在北京举行的第十四届中国软件产业博览会上，日本UMTP认证机构（UML建模标准化推进协会）与中国软件行业协会联合公布并颁发了国内第一批（共3家）UML认证考培中心，重庆市软件行业协会榜上有名，成为了目前国内第一家也是唯一一家作为行业协会推动UML认证的机构。这样的工作尝试就非常值得推广。

第三，推行专业课程认证制度。目前对教育机构的认证可以分为两种——政府官方认证和专业机构认证。与政府官方认证相比，专业机构认证是指由专业协会或行业协会等协会组织对大专院校的认证，主要从专业课程体系和人才教育水平等方面进行评估，重点在于评价院校能否培养出符合专业领域和行业发展需求的合格人才。评估专家通常由教育科研专家、从业专业人士及其他相关专家共同组成，对专业、行业的发展历程、经营现状、人才需求、未来趋势等有深刻了解，资历、成就等方面均德高望重。比如在英国，英国皇家建筑师学会（Royal Institute British Architects，RIBA）负责建筑学专业教育的评估工作，英国土木工程师学会（The Institute of Civil Engineers，ICE）和英国结构工程师学会（The Institution of Structural Engineers，ISE）负责土木工程专业教育评估工作等。除此之外，英国高校的教育评估普遍强调以学科为对象通过各相关专业、行业协会对高校课程进行认可。在商科院校的人才培养中，商学院的办学质量与水平也需通过国际专业协会的认证体系。目前全球最大的认证体系是由国际精英商学院协会（Association to Advance Collegiate Schools of Business，AACSB）推出的 AACSB 认证体系，其次是欧洲管理发展基金会（European Foundation for Management Development，EFMD）推出的 EQUIS 认证，另外还有英国 MBA 协会（Association of MBAs，AMBA）推出的硕士以上管理课程的认证。这些协会组织对高校等专业教育机构进行严格而全面的评估，而认证资格则是对教学质量与发展前景的信任与肯定。

第四，实施继续教育制度。继续教育制度就是针对已经获得职业资格的专业人员实施的知识、能力与职业生涯更新计划。协会组织应督促要求从业人员必须持续保持学习，具体方式包括正式的培训课程、专业会议、工作坊、论坛活动、讲座等丰富的形式。通过组织学习和交流活动，监督和记录从业人员的个人发展与行业贡献，同时也对其职业资质的水平进行审核与修订。在学习的组织形式上，网络学习的形式越来越普遍，而以协会组织为主导建立网络学习形式的继续教育体系标准与规范也是大势所趋。比如美国教学管理系统全球学习协会（IMS Global

Learning Consortium）作为一个独立的行业组织，就接受政府委托负责拓展教育质量保证的新规范，特别是在远程学习和网络教育技术的质量规范方面，受到众多世界级的技术公司和教育公司的支持，如IBM、Microsoft、WebCT，其影响力已经从美国延伸到整个世界，我国教育部教育信息化标准委员会采取的诸多规范都源自它。

第五，优化产业研究与人才服务制度。战略性新兴产业的运行规律与市场趋势尚处于形成与探索中，产业中的企业往往是"摸着石头过河"，面临极大的市场风险。此时，协会组织应凭借其专业地位与资源优势，为企业提供包括人才咨询在内的优质、全面的公共信息资源，担当企业的"引航员"与"服务器"。比如2007年3月成立的"中国服务外包研究中心（COI）"，该中心由中欧国际工商学院、上海交通大学、安泰经济与管理学院、上海市对外经济贸易委员会、武汉大学经济与管理学院、大连软件园股份有限公司、天津经济技术开发区、博彦科技（北京）有限公司、北京博思商通服务外包咨询中心、成都国腾软件资源有限公司等单位发起。该中心自2008年起每年编写《中国服务外包发展报告》，对中国服务外包产业发展现状及特点、市场趋势与宏观政策、企业成长与学术研究进行全面点评。"产-学-研"三位一体的成员结构为该中心提供了良好的研究土壤，且积极组织开展各项学术研究活动，与境外专业外包研究机构合作与交流。鉴于我国大部分新兴产业都以园区为载体集聚发展，协会组织亦可以园区为主体搭建人才、信息服务平台，应用先进技术为企业提供专业、安全的服务和相关资讯。

（2）猎头公司——高端人才的专业捕手

人力资源开发的专业服务机构是人力资源开发的中间组织类型之一，企业可以借助此类机构进行人力资源开发的部分职能外包，借助其专业优势提高相关职能的高效率与低成本。这其中，除了一般性的人力资源服务机构外，猎头公司这种聚焦于高级人才的专业服务机构在人才竞争中的作用特别显著。政府、企业、大学都可以借助猎头公司实现市场化、专业化的人才获取与配置。

第一，尝试政府猎头。政府猎头是猎头服务的类型之一，主要是指以政府为主体、依照国家或区域人才战略的部署和要求，委托各类猎头公司搜寻、甄别和吸纳高级人才的实践过程。代表国家实施全球猎头行动的，更是被称为"国家猎头"。在我国，2004年3月成立的国家人事部全国高级人才寻访中心就是一家专门为国内优秀企业提供高速优质猎头服务的国字号"猎头公司"，当年10月该中心即受黑龙江省委组织部委托，全面负责为黑龙江省招聘两名省招商局副局长。这是国内政府机构在选拔招聘较高级别官员中首次引入第三方。以上活动都属于广义的政府猎头行为，不过不是通过专业的猎头公司而是直接由政府相关机构或专门机构实施的。

与此相应的是，政府部门与专业猎头公司联手推进人才引进的情况也愈加频繁。从2001年开始，中央组织部、国务院国资委连续10年面向海内外公开招聘中央企业高级经营管理人员，许多中外猎头公司参与其中；深圳、苏州、重庆等地明确提出邀请海内外猎头公司参与高级公务员、直属企业高级经理的招募工作。以国内猎头产业最发达的城市——上海为例，所有进入中国的国际猎头公司均在上海设立了分支机构，而上海市政府部门与各大猎头公司之间常有合作。在2003年上海市人才服务中心公布的《为世博服务的工作方案》中，人才中心就提出组建一支高级人才猎头队伍，与国外专业的人才咨询机构合作，从国外引进急需的会展、语言、涉外法律、物流等专业的高级、核心人才。2009年，万宝盛华（Manpower）公司也通过与上海市政府合作，参与"青年职业见习计划"推动高校毕业生就业工作。

第二，设立公益性猎头公司。为了实现区域人才战略目标、服务本区域的重点产业和企业，可以成立由政府主导甚至参与的公益性猎头公司。上文提到的"全国高级人才寻访中心"就是我国最早成立的国家级高端人才猎头公司，隶属当时的国家人事部全国人才流动中心。2011年年初，无锡新区管委会与人才服务中心共同组建了"高杰人才咨询服务公司"，由政府买单为企业"打猎"人才并提供培训。由该政府猎头公司发起的"331工程"，计划用三年时间为该区及周边经济区的物联网产业、拟上市企业及双创企业培育1万名高管、技术研发等人才，并聘请成功的530企业家担任导师。与一般的公益性就业中介服务机构不同，此类机构的服务对象和内容与专业商业猎头公司类似，定位于高端岗位及高端人才。同时又区别于商业猎头，此类机构是政府区域发展与人才战略实施的执行者，专注服务政府机构、重点产业、重点企业的猎头需求，在费用方面也因有政府的参与而体现出更多的公益性特点。

第三，鼓励企业利用猎头公司。尽管猎头这种人才选聘手法在西方国家已成为企业获取高端人才的主要途径，但对我国大多数企业而言还是新生事物。很多企业或是不知晓、或是不了解、或是不相信猎头公司所提供的服务，也有些企业不能承受猎头公司的收费标准而对这一引才路径望而却步。这样的情况在新兴产业中、在广大的中小企业中十分常见。为此，政府应积极宣传并引导、鼓励用人企业和猎头公司的合作，提供必要的资金、政策及相应服务支持。2010年11月，宁波市江东区在全国率先推出了"政府报销人力中介费"的人才引进支持政策，企事业单位通过猎头公司引进年薪50万元以上人才的，由财政补助用人单位50%的中介费。这样的针对人才引进的"明补"政策，能够保证引入的人才完全匹配企业需要，政策资金的使用效率达到了最佳。

第四，支持猎头产业发展。猎头产业本身是高附加值、高外部性的智力密集型产业，是人力资源管理的高端服务业，其提供的服务产品促成了社会经济体系中人力资源的流动和合理配置，可以带动国家和区域经济的发展，猎头的繁荣将为区域经济的发展带来更多的优秀人才。通过"猎头"这个窗口，足以见证一个地区、一个国家的市场经济发展轨迹以及活跃程度。从这个角度说，猎头产业是支持性、服务性产业，又是具有战略性、先导性的产业。为了落实高端人才战略，在区域人才竞争中获取优势，可依据区域产业规划与布局、结合产业园区的建设，引导猎头公司聚集并侧重服务重点产业，形成战略性新兴产业服务的高端人才服务集聚平台和供应链。政府应扶持、培育本土猎头产业的健康发展，并鼓励国际猎头公司的进驻，构建高端人才的专业引入渠道。目前，猎头公司进驻苏州工业园区、上海闸北开发区、成都高新科技园区都有税收的优惠和房租的补贴。这样，在培育猎头产业的同时，也为所有需要高端人才的产业、部门提供了支持。

5.4 本章小结

作为培育与发展战略性新兴产业的重要内容之一，高技术服务业的发展必须从核心要素入手，支撑产业发展的人力资源开发是重中之重。辽宁省作为工业大省，扎实的产业基础也为新兴产业的成长提供了优质的土壤，其中也包括人才资源的供给。但在产业规模及规格不断升级的同时，人才瓶颈也日益凸现，人才数量、结构及管理方式方面的弊端都暴露出来，成为约束产业发展的战略问题。根据前文人力资源开发的多主体博弈演化模型分析可知，在这一过程中，各级政府、教育科研单位及企业和中介服务组织应协调一致，实现整体性人力资源开发的科学机制与积极环境，从而为高技术服务产业提供可持续的智力支持。最后，结合高技术服务业与辽宁自身情况，本研究设计了由政府、大学、企业及中间组织共同构成的多主体协同化人力资源开发体系，建议政府应实践整体性治理、大学应向创业型大学转化、企业应构建开发型组织，而中间组织则应发挥更大作用成为"第四螺旋"。

6 研究结论与讨论

6.1 主要结论

（1）界定了人力资源开发主体行为的内涵、理论基础与一体化要求

伴随生产过程对劳动力要素的要求不断提高、劳动力队伍自身基础性开发活动的普及，人力资源在内涵要求上更加全面、综合，在外延边界上与人力资本日益重合。作为人力资源开发的主体，组织内部的企业与个人、组织外部的其他组织、政府、大学以及产业中间组织，都发挥着重要的作用，现有微观企业与宏观政府的人力资源开发理论与实践都已有丰富的积累。人力资源开发是一个新兴的跨学科研究领域，经济学中的人力资本理论、心理学中的学习理论以及系统理论是人力资源开发主体行为与关系研究的基础理论。但现有研究及实践往往从单一主体、单一路径研究与设计人力资源开发，而人力资源开发多赢目的的实现需要组织内、组织外多方主体共同规划、实施、监督人力资源开发，只有这样才能保证各方利益的实现和协同发展。

（2）基于视阈融合的人力资源开发多主体关系及博弈行为分析

作为拥有各自职责、各自目标的社会组织，人力资源开发的不同主体也怀抱不同的目的制定自己的决策，但必须从整体把握才能保证整个系统的运行方式与结果最优。现实中人力资源开发的多个主体之间呈现出"网络组织"的特征，需要多主体之间实现视阈融合，通过多方的沟通谈判、合作制约，达到协同一致的效果。通过主体建模的静态博弈分析得出：企业、高校、政府作为独立主体在进行自由博弈行为的人力资源开发投资时，各方的收益较低，整体的收益也较低；当其中两个主体愿意合作时，收益情况对双方都有改善，整体收益也有提高；而当三方合作形成时，各主体及整体的收益水平都达到最大。理论分析的结果与现实情况基本吻合。

（3）基于三螺旋的人力资源开发多主体合作演化博弈行为分析

三螺旋模型以政府、产业和大学的宏观和微观三螺旋循环组成，更好地体现了人力资源开发中最重要的三个主体——大学、企业、政府之间的相互关系，有助于寻找多元合作的优化路径。由于大学、企业、政府各自拥有各自的职能划分和利益归属，因此三者之间合作关系的分析是一种多主体的博弈关系分析，且这种关系是一个动态的、复杂的过程。通过主体建模后的演化博弈分析，从动态角度对有限理性的人力资源开发主体间博弈行为进行分析，探讨主体间的合作动因，提出如下多主体最优合作的对策和建议：

第一，政府对大学和企业的人力资源开发合作具有正向激励作用。不过即使没有政府的激励，大学与企业也会通过长期博弈最终实现合作共赢。因此，政府不应该直接干涉各种市场活动，而是应该充当市场调节下的补充，利用政策工具引导、扶持、鼓励在人力资源开发活动中超额收益较少的一方积极参与合作，减少博弈过程中的资源浪费与低效，防止市场机制失灵。

第二，"大学-企业"合作实施人力资源开发的概率随着各自开发成本的增加而降低，随着各自开发实力的增加而提高。因此校企合作进行人才培养往往表现为强强联合，这样的合作成功的概率较大。同时，"大学-企业"合作实施人力资源开发的概率随双方合作时所获得的超额收益的增加而增大，分配收益比例较大的一方所承担的开发成本也随之增加。理论上存在一个最优分配比例，能够促使双方合作的意愿最大化。

第三，"大学-企业"合作实施人力资源开发的概率随着投机行为所获背叛收益的增加而降低，随着投机行为所获背叛惩罚的增加而增大。因此，双方应明确各自的开发义务与责任边界，形成自身开发特色，这将有利于合作的开展。而政府应实施严格的约束、收费、惩罚制度，督促各方的责任落实，营造人力资源开发的社会意识与氛围，进而维护、引导合作的实施。

三螺旋环境下的中间组织与三螺旋的参与者之间的作用是相互的。三螺旋环境下的中间组织支持了三螺旋模型的发展，同时，三螺旋的参与者又对中间组织的发展提供了相应的资源。这两个方面相互作用、相互渗透促进着三螺旋模型不断上升。人力资源开发多主体合作的实现，除了依靠传统的政府、大学、企业三方在各自承担的开发活动中实现与其他主体的协同外，还需要通过双边或三方交叉区域的中间组织参与协助。

（4）构建了多主体协同化人力资源开发体系并设计应用策略

高技术服务业作为培育与发展的战略性新兴产业之一，支撑产业发展的人力资源开发是重中之重，如何实现政府、大学、企业及其他组织在产业人才开发中的协同一致是政策及实践领域亟待解决的难题，这正为本研究的理论模型提供了应用的空间。结合高技术服务业与辽宁自身情况，本研究设计了由政府、大学、企业及中间组织共同构成的多主体协同化人力资源开发体系。其具体包括：

第一，政府应实践整体性治理模式。制定明确的人力资源开发目标与战略；优化整合政策体系；尝试"人才管理改革试验区"；建立良好的激励机制与评估机制；运用市场机制吸引高端人才；推广政产学研一体化合作；完善服务平台，优化人文环境。

第二，大学应向创业型大学转化。与国家与地区经济紧密结合，确保大学的人才培养与研究成果能够有效服务于企业和产业，进而提升国家的创新能力与竞争力。通过产学研合作构建人才培养联盟；参与高端培训推广专业认证；发展衍生企业、孵化器与科技园推进人才与知识转移。

第三，企业应构建开发型组织。组织战略、组织结构、组织领导、人力资源部门以及组织文化等各个方面的共同努力，形成开发型组织的组织系统。即以投资视角建立人才开发观；以全程视角健全人才培养链；以多赢视角促进学企衔接；以全面视角完善人才激励制度；以国际视角升级人才管理制度。

第四，中间组织则应发挥更大作用成为"第四螺旋"。行业协会作为中介和技术组织，是协助政府、联系会员企业与学校的重要纽带，是人力资源开发的"立交桥"。应构建统一的、非营利性的行业组织促进行会内会员多方协作、合作培养高技能人才。猎头公司作为高端人才的服务机构，是人力资源市场化配置的重要路径，应扶持、培育本土猎头产业的健康发展，并鼓励国际猎头公司的进驻，构建高端人才的专业引入渠道。

6.2 局限与展望

其一，本书研究主要通过理论演绎与主体建模的方法进行分析论证，未能对研究问题进行基于样本变量数据的实证分析。本研究的目的在于分析人力资源多主体之间的互动关系与协调机制，因此偏重探索性的模型推演，如能够对各主体的人力资源开发水平、效果进行测量并检验其相互关系，又或能够对各主体间的协同程度进行纵向、横向的比较，将对理论模型及实践应用有所裨益。

其二，本书对人力资源开发多主体协同演化的研究仅关注了政府、大学、企业这三方主体，而人力资源开发主体还包括家庭、个人。在三螺旋模型中，被学者们普遍重视的中间组织也没有被纳入模型构建的主体，只是进行了一般性的论述，未能进行定量研究。而作为主体建模方法本身的目的在于研究少数变量之间的关系与结构秩序，并不能精准预测具体的发展方式与细节。因此如何将该方法与更多的实证数据、案例样本相结合，也是研究方法应用方面应当思考的问题。

其三，本书从主体视角探讨人力资源开发，而由于人力资源开发的对象是有生命、有思想、会行动的人，因此主体行为必然要受到对象特征的影响并对其需求、习惯作出相应的反应。本书以"理性"主体为基本假设，没有考虑情感、文化、制度、法律等环境要素对主体行为的影响，而事实上人力资源开发的单个主体及主体之间的关系必然受到这些因素的制约。

其四，模型的应用聚焦于辽宁省的高技术服务业人力资源开发问题，但是高技术服务相关发展规划与政策出台不久，指导性意见居多而详细具体的内容较少，产业的基本统计数据及直接研究成果相对匮乏。由于高技术服务业属于新兴产业，如何有效地培育及支持其发展尚处探讨之中，各方观点见仁见智。本书也对政府、大学、企业及中间组织在协同整合过程中可能的变革路径进行了建议，但其中部分观点并不成熟，有"纸上谈兵"之嫌，且每个主题都作为单独的研究论题加以展开。

在人力资源作为核心要素的知识经济时代，人力资源开发领域的理论研究与实践工具受到学术界、企业界以及政府、高校等多元主体的关注，而只有多元主体在信任的基础上通过共同参与、协商整合才能实现人力资源开发的最终目的与多赢胜局。特别是在当下的中国，无论是传统产业的转型升级、还是战略性新兴产业的培育发展，都要立足人才问题形成内生性的、可持续的竞争力。期待更多的学者为人力资源开发研究的"成果大厦"添砖加瓦，共同为更好地实现人、组织、社会的"发展与进步"贡献力量！

参考文献

[1] 圣吉.第五项修炼［M］.郭进隆，译.上海：三联书店，1998.

[2] 陈笃彬.正确处理八个关系，建设创业型大学［J］.福州大学学报（哲学社会科学版），2009（4）：16-20.

[3] 陈统奎.复旦：又一次华丽转身［N］.新民周刊，2005-09-23.

[4] 程中兴.人机界面的认识论研究［D］.上海：东华大学，2005.

[5] 樊建芳.知识型企业人力资源开发研究［M］.杭州：浙江大学出版社，2008.

[6] 方卫华.创新研究的三螺旋模型：概念、结构和公共政策含义［J］.自然辩证法研究，2003（11）：70-73+79.

[7] 房国忠.东北老工业基地人力资源开发研究［M］.北京：科学出版社，2009.

[8] 诺伊曼，摩根斯坦.博弈论与经济行为［M］.王宇，王文玉，译.上海：三联书店，2004：46-68.

[9] 何勇."东北现象"失落辽宁人的十年嬗变［N］.人民日报，2012-08-07.

[10] 洪京一.中国软件和信息服务业发展报告2012［M］.北京：社会科学文献出版社，2012：207.

[11] 洪明.英国终身学习的新变革——"产业大学"的理念与实践［J］.比较教育研究，2001（4）：18-22.

[12] 何卫平.试析加达默尔效果历史原则的辩证结构 [J]. 湖北大学学报：哲学社会科学版，1998 (1)：42-47.

[13] 胡象明，唐波勇.整体性治理：公共管理的新范式 [J]. 华中师范大学学报人文社会科学版，2010，49 (1)：11-15.

[14] 黄璜.社会科学研究中"基于主体建模"方法评述 [J]. 国外科研与管理，2010 (5)：43.

[15] 加达默尔.真理与方法 [M]. 洪汉鼎，译.上海：译文出版社，2004.

[16] 简建忠，人力资源发展 [M]. 台北：五南图书出版股份有限公司，1995.

[17] 姜忠辉，刘晓静.论三螺旋环境下中间组织的角色和作用 [J]. 中国海洋大学学报：社会科学版，2009 (5)：60-63.

[18] 吉雷，梅楚尼奇.组织学习、绩效与变革——战略人力资源开发导论 [M]. 康青，译.北京：中国人民大学出版社，2005.

[19] 斯旺森，德霍尔顿.人力资源开发 [M]. 王晓辉，译.北京：清华大学出版社，2008：6.

[20] 李娟，顾凤佳.英国产业大学在学习型社会建设中的角色及启示 [J]. 广州广播电视大学学报，2012 (3)：5-9+110.

[21] 李瑞祥.人力资源能力成熟度模型（P-CMM）及其应用 [D]. 南京：南京航空航天大学，2005.

[22] 李维安.网络治理——组织发展的新趋势 [M]. 北京：经济科学出版社，2003：45-46.

[23] 李向前，李东，黄莉.我国区域人力资本投资主体结构与竞争力关系研究 [J]. 河南科学，2011 (8)：109-114.

[24] 李颖.中国软件和信息服务业发展报告2011 [M]. 北京：社会科学文献出版社，2011：154.

[25] 廖泉文，人力资源管理 [M]. 北京：高等教育出版社，2003.

[26] 廖泉文.职业生涯发展的三、三、三理论 [J]. 中国人力资源开发，2004 (9)：21-23.

[27] 林忠，金延平.人力资源管理概论 [M]. 大连：东北财经大学出版社，2009.

[28] 林忠，王晓莉.大连软件产业人才战略研究 [J]. 中国软科学，2009 (11)：171-178.

[29] 刘进才.关于拓展人力资源开发内涵的思考 [J]. 中国人力资源开发，2010 (12)：7-10.

[30] 刘开会.加达默尔解释学中的辩证法 [J]. 兰州大学学报，1996 (1)：75-80.

[31] 刘康.从胡适的方法论说到加达默尔的阐释学 [J]. 读书, 1987 (12): 128-133.

[32] 刘天祥.IT产业知识型员工职业生涯管理研究 [D]. 厦门: 厦门大学, 2009.

[33] 刘伟忠, 张宇.我国协同治理理论研究: 现状与未来趋向 [J]. 城市问题, 2012 (5): 81-85.

[34] 刘追, 邢春雷.美国人力资源战略的实施策略及对我国的启示 [J]. 中国行政管理, 2011 (4): 99-102.

[35] 梁茂信.美国人力培训与就业政策 [M]. 北京: 人民出版社, 2006: 571-572.

[36] 龙立荣, 方俐洛.职业发展的整合理论述评 [J]. 心理科学, 2001 (4): 101-102.

[37] 龙立荣, 方俐洛, 凌文辁.组织职业生涯管理及效果的实证研究 [J]. 管理科学学报, 2002, 5 (4): 61-67.

[38] 莫雷.教育心理学 [M]. 北京: 教育科学出版社, 2007.

[39] 欧阳忠明, 刘琼.学科互涉视角下的人力资源开发理论研究 [J]. 理论与改革, 2009 (4): 41-43.

[40] 潘晨光.中国人才发展报告 (2011) [M]. 北京: 科学文献出版社, 2011: 69.

[41] 潘东华, 尹大为.三螺旋接口组织与创新机制 [J]. 科研管理, 2009 (1): 17-23.

[42] 彭锦鹏.全观性治理: 理论与制度化策略 [J]. 政治科学论丛 (台湾), 2005 (23).

[43] 彭宜新, 邹珊刚.从研究到创业——大学职能的演变 [J]. 自然辩证法研究, 2003 (4): 49-53.

[44] 祁鸣, 李建军.NASSCOM在印度软件产业发展中的作用 [J]. 中国科技论坛, 2007 (10): 140-145.

[45] 齐勇, 潘英俊.PCMM框架及应用前景 [J]. 重庆工商大学学报, 2004 (21): 473-476.

[46] 任志安.理解与历史: 加达默尔的真理观 [J]. 黑龙江社会科学, 2006 (6): 69-72.

[47] 时晓玲.校企双赢让企业离不开学校——大连东软信息学院一体化人才培养模式改革的调查 [N]. 中国教育报, 2011-04-17.

[48] 孙一平, 胡晓东.21世纪美国联邦政府人力资本战略管理新发展及启示 [J]. 中国行政管理, 2009 (4).

[49] 王成军, 葛智勇, 窦德强.企业人力资源管理实践的整合与优化——人力资

源能力成熟度模型探析［J］.中国人力资源开发（8）：30-33.

[50] 王琴梅，张勇.中国"用工荒"和"就业难"矛盾探索——基于三螺旋模式的分析［J］.经济与管理，2011，25（8）：83-87.

[51] 王晓峰.美国人力资源开发中政府的作用［J］.人口学刊，2005（3）：30-33.

[52] 王晓晖，谢西庆.我国建设人力资源开发学科刍议［J］.中国人力资源开发，2008（9）：18.

[53] 王雁，李晓强.创业型大学的典型特征和基本标准［J］.科学学研究，2011（2）：17-22.

[54] 王仰东.服务创新与高技术服务业［M］.北京：科学出版社，2011.

[55] 王耀辉.国家战略——人才改变世界［M］.北京：人民出版社，2010：41.

[56] 魏宏森.系统论［M］.北京：世界图书出版公司，2009.

[57] 舒尔茨.人力投资——教育和研究的作用［M］.蒋斌，张蘅，译.北京：商务印书馆，1990.

[58] 舒尔茨.人力投资［M］.贾湛，施炜，译.北京：华夏出版社，1990.

[59] 夏冰.中国企业大学从成长走向成熟［EB/OL］.［2011-11-17］.http://money.163.com/12/1117/01/8GFN4A8J00253B0H.html.

[60] 萧鸣政.人力资源开发的理论与方法［M］.北京：高等教育出版社，2004.

[61] 谢晋宇.人力资源开发概论［M］.北京：清华大学出版社，2005：14.

[62] 新帕尔格雷夫经济学大词典（第二卷）［M］.北京：经济科学出版社，1992：736.

[63] 徐光，尹哲辉.东软集团通过PCMM5级评估［N］.中国证券报，2011-08-02.

[64] 杨明海，张体勤，丁荣贵.人力资源能力成熟度模型：概念、体系与结构［J］.东岳论丛，2003，24（6）：134-136.

[65] 鄞益奋.网络治理：公共管理的新框架［J］.公共管理学报，2007（1）：94-101，131.

[66] 张和平.人力资源开发的特点和功能［J］.青海民族学院学报：社会科学版，2007（3）：101-104.

[67] 张道武.基于我国企业核心能力提升背景的合作创新若干机制研究［D］.中国科技大学，2004：60-98.

[68] 张道武，吴劲松.科学发展观贯彻落实中多主体行为博弈建模研究［J］.运筹与管理，2008（2）.

[69] 郑伯埙，黄敏萍.实地研究中的案例研究［M］//陈晓萍，徐淑英，樊景力.组织与管理研究的实证方法［M］.北京：北京大学出版社，2008：

199-226.

[70]　郑富年，江旺龙，梁邦福.基于"三螺旋"系统进化模型的区域创意产业人才培养研究——以景德镇陶瓷文化创意产业人才培养为实例 [J]. 商场现代化，2011（13）：110-111.

[71]　周春彦，埃茨科威茨.双三螺旋：创新与可持续发展 [J]. 东北大学学报（社会科学版），2006（3）：18-22.

[72]　邹晓东，陈汉聪.创业型大学：概念内涵、组织特征与实践路径 [J]. 高等工程教育研究，2011（3）：60-65.

[73]　ARTHUR M B. The boundaryless career： A new perspective for organizational inquiry [J]. Journal of Organizational Behavior, 1994, 15（4）：295-306.

[74]　DANIEL FRIEDMAN. Evolutionary games in economics [J]. Econometrica, 1991, 59（3）：637.

[75]　EDGAR H. SCHEIN. Career dynamics： Matching individual and organizational needs [M]. Boston： Addison-Wesley Publishing Company, 1978.

[76]　GUTTERIDGE T G , LEIBOWITZ Z B , SHORE J E.Organizational career development [M]. San Francisco： Jossey-Bass Pub, 1993.

[77]　HALL D T , MOSS J E. The new protean career contract： Helping organizations and employees adapt [J]. Organizational Dynamics, 1998, 26（3）：22-37.

[78]　JACOBS R.Human resource development as an interdisciplinary body of knowledge [J]. Human Resource Development Quarterly, 1990, 1（1）：66.

[79]　EPSTEIN J M, AXTELL R L.Growing artificial societies： Social science from the bottom up [M]. Cambridge： MIT Press, 1996.

[80]　GILLEY J W, MAYCUNICH A. Beyond the learning organization： Creating a culture of continuous growth and development through state-of - the-art human resource practices [M]. Mass.： Perseus Publishing, 2000.

[81]　NADLER L.Developing human resource： Concepts and models [M]. San Francisco： Jossey-Bass, 1970.

[82]　WILSON J P.Human resource development： Learning and training for individuals and organizations [M]. San Francisco： Jossey-Bass Pub, 1986：50-94.

［83］ YEHUDA BARUEH，MAURY PEIPERL.Career management practices：An empirical survey and implications ［J］ ． Human Resource Management，2000，39（4）：347－366.

索引

人力资源开发—1-12, 14-43, 46-50, 52-63, 65, 67, 73-81, 83-85, 87, 92,
　　93, 95, 96, 100, 102-105, 107-115, 119, 121, 123, 139, 141, 143, 147,
　　150-155

多主体—2, 3, 6-11, 19, 32, 49, 54-59, 63-65, 73, 78, 85, 87, 95, 150, 152-
　　154

演化模型—8-10, 67, 111, 150

高技术服务业—2, 7, 9-11, 87-93, 95-97, 100-105, 108, 110, 111, 114-
　　118, 121, 123, 126, 128, 133, 136, 144, 145, 150, 153, 155

学习型组织—31, 36, 39, 40, 46, 123

系统论—25, 32, 33

三螺旋结构—67-69